행복한 교육공동체를 위한

학부모 교육

본 저서는 2011년도 정부(교육부)의 재원으로 한국연구재단의 지원을 받아 연구되었습니다.
(NRF-2011-413-350-20110028).

PARENT
EDUCATION

행복한 교육공동체를 위한

학부모 교육

서울대학교 학부모정책연구센터 지음

(주)교 문 사

머리말

당신은 부모입니까, 학부모입니까?

부모는 멀리 보라 하고, 학부모는 앞만 보라 합니다.

부모는 함께 가라 하고, 학부모는 앞서 가라 합니다.

부모는 꿈을 꾸라 하고, 학부모는 꿈꿀 시간을 주지 않습니다.

부모로 돌아가는 건 참된 교육의 시작입니다.

언젠가 방영되었던 공익광고의 내용입니다. 현재 한국사회에서 학부모란 부모다움을 잃고 자녀에게 공부만 강조하는, 현실에 매몰된 학습매니저를 의미하는 것 같습니다. 부모는 참된 교육을 할 수 있는 주체인 반면, 학부모는 왜곡된 교육을 하는 주체라고 보는 것이지요. 과연 학부모란 그런 의미일까요?

학부모의 사전적 뜻은 '자녀가 유아 때부터 고등교육을 받을 때까지 공교육기관과 사교육 기관을 막론하고 자녀를 교육기관에 위탁한 사람'입니다. 학부모의 진정한 의미는 자녀뿐 아니라, 자녀를 위탁한 교육기관에 대한 책임과 권리를 갖는 데 있습니다. 자녀가 어려 가정에서 양육할 때, 부모는 자기 자녀만 돌보고 책임을 지면 됩니다. 그러나 자녀가 교육기관에 소속되면, 부모는 자녀뿐 아니라 교육기관의 모든 아동, 교육기관 자체에 대한 책임을 지게 됩니다. 학부모란 우리 아이가 다니는 교육기관의 환경과 교육의 질이 향상될 수 있도록 관심을 기울이고 그 기관과 협력해야 할 책임을 갖는 공공의 부모라는 뜻입니다.

학부모의 진정한 의미를 인식하지 못한다면 진정한 학부모교육도 이루어질 수 없습니다. 대부분의 학부모교육이 부모교육과 차별화되지 못하고 유사하게 이루어지는 현실은, 학부모의 진정한 의미와 역할을 이해하지 못하고 학부모를 부정적인 이미지로만 비추는 관행 때문이기도 합니다. 2009년 이후 교육부는 학부모지원을 위해 다양한 정책을 시행하고 있으며, 이러한 노력의 일환으로 학부모교육을 확대하였습니다. 이는 실로 반가운 일이 아닐 수 없습니다. 그런데 학부모와 부모가 다른 의미로 사용된다면, 학부모교육과 부모교육도 조금은 달라져야 합니다.

부모가 되어 본 사람들은 좋은 부모가 저절로 되는 것이 아님을 알고 있습니다. 우리나라 부모들은 자녀에 헌신적입니다. 교육은 우리가 가진 자원이고, 교육열은 우리가 가진 긍정적인 힘입니다. 그런데 아쉽게도 우리는 학부모의 권리와 책임이 무엇인지, 이를 어떻게 실현해야 하는지를 들어본 적이 없습니다. 학교 현장은 나날이 열악해지고, 공교육은 갈수록 신뢰를 잃어갑니다. 많은 사람들이 교육공동체를 살리고 자녀에게 양질의 교육을 제공하기 위해 학부모가 어떻게 해야 하는지를 알지 못합니다. 학부모란 그저 자녀를 열심히 공부시켜 성공시키는 부모로 왜곡시켜 이해할 뿐입니다.

　이 책은 학부모란 어떤 존재이며, 학부모를 대상으로 한 교육이란 무엇이고 어떤 교육적 요소를 담아야 하는지 제시함으로써 현장에서 학부모교육이 보다 효과적으로 이루어질 수 있는 방향을 제시합니다. 학부모란 우리나라에만 있는 용어이며, 우리나라의 특수한 현실을 반영한 용어입니다. 그럼에도 학부모교육에 대한 전문서가 하나도 없다는 것이 아이러니합니다. 이러한 현실은 학부모교육이 학문적 토대 없이 현장의 필요에 의해 발전해온 역사를 반영하는 것 같습니다.

　이 책의 저자는 모두 서울대학교 학부모정책연구센터의 연구원입니다. 2011년 교육부와 한국연구재단의 지원을 받는 '정책중점연구소사업'으로 학부모정책연구센터가 설립되었습니다. 우리나라의 학부모지원과 정책에 대한 연구를 다년간 수행하면서 우리 저자들은 학부모교육을 개념화하고, 교육 프로그램 개발의 방향을 제시할 필요가 있다는 점에 공감하였습니다. 이러한 이유로 부족하지만 학부모교육에 대한 내용을 정리한 책을 저술하였습니다. 제1장 학부모교육의 기초는 이강이교수가, 제2장 학부모교육의 관점은 서현석 연구교수가, 제3장 학부모교육의 구성은 이현아 연구교수가, 제4장 학부모교육프로그램 개발은 최인숙 연구교수가, 그리고 제5장 학부모교육의 과제와 전망은 진미정교수가 집필하였습니다. 전체적인 감수는 옥선화 학부모정책연구센터장이 해주셨습니다.

　여러 가지 부족한 집필에 부끄러움을 느끼면서도, 학부모교육에 대한 이해가 시급하다는 이유로 출판을 서두르게 되었습니다. 학부모교육이 점점 확대되는 현실에서 학부모교육이 행복한 교육공동체를 만드는 데 기여하도록 작은 힘을 보태고자 합니다. 학부모란 이름이 더 이상 부정적인 의미로 사용되지 않고, 교육과 자녀를 모두 건강하게 보살피는 이름으로 되살아나길 바라며 머리말을 대신합니다.

2014. 3.

대표저자 진미정

CHAPTER

04 학부모교육 프로그램의 개발

CHAPTER

05 학부모교육의 과제와 전망

학부모교육의 기초

학부모교육의
기초

자녀교육, 그중에서도 자녀의 학업과 관련한 내용은 현대 한국사회를 지배하는 가장 대표적인 주제 중 하나라고 볼 수 있다. 결혼을 하고 자녀를 출산한 성인에게 있어 자녀의 건강한 성장과 학업성취는 성공적인 발달과업의 완수로 여겨진다. 시중에 자녀양육 및 교육과 관련된 교양서가 넘쳐나고, 다양한 연령대의 자녀를 가진 부모 대상의 부모교육 프로그램이 각종 매체에 등장한다. '부모교실'이라든가 '부모교육'이라는 용어는 일반인들에게도 그리 낯설지 않다. 그렇다면 '학부모교육=부모교육'이라고 보아도 되는 것일까? 학부모교육이라고 할 때, 이는 기존의 부모교육과 무엇이 유사하고 무엇이 다른 것일까? 이 장에서는 먼저 학부모교육의 정의를 살펴보고, 다음으로 학부모지원 정책의 효과와 관련한 선행연구 검토를 통해 학부모교육의 필요성과 목적에 대해 알아본다. 그리고 학부모교육의 발전 과정과 관련하여 국내 학부모정책의 현황과 이에 따른 학부모교육의 최근 실태를 살펴봄으로써, 현재 국내에서 이루어지는 학부모교육의 문제점과 한계를 검토한다.

1 학부모교육의 정의

학부모교육은 학부모를 대상으로 하는 교육을 의미하는 바, 먼저 교육의 대상이 되는 학부모가 누구인지 살펴볼 필요가 있다. 학부모는 '배울 학(學)'과 '부모(父母)'를 합친 단어이다. 영어에는 학부모를 의미하는 단어가 별도로 존재하지는 않으며 일반적으로 부모를 의미하는 'parent'를 사용한다. 'parent'의 어원은 'give birth'를 의미하는 라틴어 'parens'이다. 즉, 부모란 생물학적으로 자녀의 출생을 가능하게 한 아버지와 어머니를 의미한다. 인간은 결혼을 하고 자녀를 출산하면서 부모라는 새로운 지위와 역할을 부여받는다. 물론 현대사회로 오면서, 부모로서의 지위 부여가 반드시 생물학적 부모에게만 한정된 것은 아니라는 인식이 폭넓게 받아들여지고 있다. 입양이나 재혼 등에 의해 성립된 관계를 통해서도 부모의 지위와 역할이 부여된다.

> **학부모** ‖ 자녀를 교육기관에 위탁한 부모 또는 보호자로서 자녀교육에 대한 권리와 책임을 가지는 공교육의 주체이자 동반자

그렇다면 학부모는 부모와 어떻게 다른가? 이경아 등(2010: 36)은 학부모를 '자녀가 유아 때부터 고등교육을 받을 때까지 공교육기관과 사교육기관을 막론하고 자녀를 교육기관에 위탁한 사람'으로 정의하고 있다. 학부모에 대한 규정에서 핵심이 되는 것은 자녀가 교육기관에 위탁되어 있는 기간이 부모를 학부모로 특징짓는 데 중요한 기준이 된다는 점이다. 또한 학부모의 정의는 자녀의 학업, 학교생활 또는 교육과 관련이 있다.

부모의 정의와 구분되는 학부모의 정의가 특히 자녀의 학업, 학교생활 또는 교육과 관련이 있다는 것은, 자녀 또는 아동의 교육과 관련하여 부모 등 보호자의 권리와 역할에 대해 기술한 교육기본법 제13조를 통해서도 확인할 수 있다. 교육기본법의 제13조 1항에서는 "부모 등 보호자는 보호하는 자녀 또는 아동이 바른 인성을 가지고 건강하게 성장하도록 교육할 권리와 책임을 가진다."고 기술하고 있다. 2항에서는 "부모 등 보호자는 보호하는 자녀 또는 아동의 교육에 관하여 학교에 의견을 제시할 수 있으며, 학교는 그 의견을 존중하여야 한다."고 기술하고 있다. 이상의 내용을 통해 볼 때, 학부모란 자녀를 교육기관에 위탁한 부모 또는 보호자로서 자녀교육에 대한 권리와 책임을 지니는 공교육의 주체이자 동반자라고 할 수 있다.

부모의 의미보다 학부모의 의미가 좀 더 구체적이고 특정하게 규정되어 있는 것과 마찬가지로, 학부모교육의 정의 또한 부모교육의 정의와 구분되어야 할 것이다. 그러

부모교육 ‖ 부모가
된 성인이나 예비부모
들에게 부모의 역할을
수행하는 데 필요한 지
식과 기술을 습득할 수
있도록 지침과 정보를
제공하는 모든 종류의
의도적이고 계획적인
교육과정

나 학부모교육과 부모교육에 대한 기존의 정의를 살펴보면, 명확한 구분 없이 포괄적으로 유사하게 사용된다는 것을 알 수 있다.

한국부모교육학회(홍후조 외, 1997, 2012: 1에서 재인용)는 부모교육을 '부모교육자의 자질을 향상하고 부모의 역할수행에 변화를 일으키기 위하여 부모교육자와 예비부모, 그리고 자녀를 대상으로 하는 부모교육문제와 자녀교육문제에 대해 모든 교육적인 방법을 동원하여 교육하는 활동'으로 정의하고 있다. 이경아 등(2010: 36)은 '부모가 된 성인이나 예비부모들에게 부모의 역할을 수행하는 데 필요한 지식과 기술을 습득할 수 있도록 지침과 정보를 제공하는 모든 종류의 의도적이고 계획적인 교육과정'을 부모교육으로 정의하고 있다. 강상철과 정용하(1997)는 학부모교육을 협의의 의미와 광의의 의미로 구분해서 정의했다. 협의의 의미로서의 학부모교육은 학부모가 효과적인 자녀교육 및 발달에 적극 참여하기 위해 부모교육자로서 교육받는 것을 의미한다. 광의의 의미로서의 학부모교육은 부모와 교사가 동반자로서 동등한 입장에서 상호유대관계를 유지하며 보다 효율적인 자녀교육 및 발달을 위해 적극 노력하는 모든 과정을 의미한다.

학부모교육에 대한 접근은 크게 부모교육으로서의 학부모교육, 평생교육으로서의 학부모교육, 학교참여로서의 학부모교육 등 다양한 스펙트럼을 보이고 있다.

학부모교육과 부모교육은 '부모로서의 역할수행'이라든가 '자녀교육과 관련한 지식, 기술, 내용 등을 제공받는' 공통점이 있다. 반면, 부모교육의 경우에는 그 대상이 예비부모로부터 시작하는 등 광범위하다는 점에서, 학부모교육의 경우에는 부모와 교사가 동반자로 기술되고 있다는 점에서 차이가 있다.

부모교육의 경우에는 자녀를 낳고, 키우고, 돌보고, 교육하는 등의 제반역할, 즉 부모로서의 역할을 어떻게 수행해야 하는가를 주로 다룬다. 미래에 자녀를 출산하여 양육할 계획이 있는 예비부모부터 성인기에 이르러 자녀와의 관계에서 새로운 역할을 요구받는 노년기 부모에 이르기까지 교육내용의 범위가 상당히 넓다.

이에 비해 학업, 학교생활 또는 교육을 받는 시기의 자녀를 가진 학부모에 한정된 학부모교육은 그 범위가 상대적으로 좁다. 학부모교육이 부모교육과 차원을 달리한다는 것은 여성가족부에서 실시하는 건강가정지원센터의 부모교육과, 교육부의 학부모지원센터에서 실시하는 학부모교육의 목적, 내용, 대상, 방법이 일부 공통되면서도 차별화된다는 것을 통해서 알 수 있다(홍후조 외, 2013).

학부모교육의 정의는(포괄적인 의미에서 자녀가 생기기 이전부터 성장한 이후까지의 부모-자녀관계를 포함하는 부모교육과 달리) 시기적으로 보다 제한된 관점을 가지며, 학부모는 전체 부모기에서 요구받는 능력보다 더욱 특수한 능력을 요구받는다(이경아 외, 2010: 36). 특히 교육기관에 자녀를 위탁하는 시기의 학부모가 학교 또는 교사와의 동반자적 관계 수립을 위한 지식, 기술, 태도 등의 교육을 요구받는다는 점에서 일반적인 부모교육과 차이를 짐작할 수 있다.

이상의 내용을 통해 볼 때, 학부모교육이란 자녀를 교육기관에 위탁한 학부모가 자녀교육 및 학업, 진로 선택, 학교생활 등과 관련한 역할수행에 필요한 지식, 태도, 정보, 기술을 습득하기 위해 참여하는 교육이다. 또한 행복한 교육공동체를 구축하고 학교 및 교사와 동반자적 관계를 수립하기 위해 필요한 인식과 태도 및 구체적인 방법을 배우기 위해 주체적으로 참여하는 교육으로 정의할 수 있다.

학부모교육은 부모역량 강화, 자녀발달 이해, 가정건강성 강화의 내용을 포함하는 가정영역과 학교교육 이해, 교사와의 소통 및 협력, 학교교육 참여, 교육정책 이해를 포함하는 학교영역, 그리고 지역사회 이해, 지역사회 이해 활동, '가정-학교-지역사회' 연대를 포함하는 지역사회영역으로 나눌 수 있다.

> **학부모교육** ‖ 자녀를 교육기관에 위탁한 학부모가 자녀교육 및 학업, 진로 선택, 학교생활 등과 관련한 역할수행에 필요한 지식, 태도, 정보, 기술을 습득하기 위해 참여하는 교육뿐만 아니라, 행복한 교육공동체를 구축하고 학교 및 교사와 동반자적 관계를 수립하기 위한 인식과 태도 및 구체적인 방법을 배우기 위해 주체적으로 참여하는 교육

2 학부모교육의 필요성과 목적

1) 학부모교육의 필요성

사회 환경의 변화에 따라 맞벌이가족이 증가하고 한부모가족, 다문화가족, 조손가족 등 다양한 형태의 가족이 공존하면서 예전에 비해 많이 약해진 가정의 교육력을 우려하는 목소리가 높다. 또한 점차 낮아지는 출산률과 함께 한두 명에 불과한 자녀의 교육에 지나치게 많은 사교육비를 부담한다든가, 제반여건을 고려하지 않고 무분별하게 조기유학을 보낸다든가 하는 부정적 양상이 증가하고 있다.

이에 따라, 학부모가 올바른 교육에 대한 가치관을 가지고 자녀를 교육할 수 있도

록, 체계적으로 자녀교육에 대한 학부모의 권리와 책임을 인지하고 구체적으로 요구되는 역할과 능력을 배우는 학부모교육의 필요성이 더욱 높아지고 있다. 학부모들은 학교로부터 가정에서의 자녀지도와 관련한 더 많은 정보와 도움을 받기를 원하며, 학교가 학부모에게 자녀의 학업과정이나 학업내용에 대한 정보제공 같은 교육적 활동을 마땅히 주선해야 한다고 생각한다(Dauber & Epstein, 1993).

학부모교육의 필요성에 대한 사회적 인식의 증가 배경에는, 학부모의 학교참여가 학생의 성취에 반영되어 구체적인 효과로 나타난다는 내용의 국내외 연구가 있다. 일반적으로 학교교육과 관련한 학부모의 참여는 자녀의 학업성취, 행동발달, 사회성의 측면에서 자녀교육 및 학교교육에 긍정적인 영향을 미치는 것으로 알려져 왔다(Hill & Craft, 2003; Ho & Williams, 1996; Jeynes, 2007; Sheldon, 2007).

1960년대 이후 학부모참여에 대한 연구결과를 고찰한 엡스타인(Epstein, 2001)에 따르면, 자녀의 학교활동에 대한 학부모의 격려와 지지는 자녀의 학업성취, 학교에 대한 태도, 포부수준, 행동양식 등에 긍정적인 영향을 미치는 것으로 나타났다. 학부모가 가정에서 제공하는 교육적인 활동은 자녀의 학업성취 개선, 자녀의 일상 행동과 태도 개선 등에 효과가 있는데, 학교는 학부모가 이러한 역할을 잘 수행할 수 있도록 필요한 방법, 기술, 정보를 제공할 수 있다(Dauber & Epstein, 1993; Eccles & Harold, 1996).

다시 말해, 학부모가 학교 또는 교사로부터 가정에서 자녀를 도울 수 있는 정보를 얻는다면, 학부모는 학교활동에 더 자주 참여하거나 가정에서 자녀를 더욱 잘 도울 수 있다. 이외에도 가정과 학교 간 파트너십은 학생의 학업성취도 향상, 과제 수행의 준비성, 가정 내에서 부모-자녀가 함께하는 시간의 증가, 학부모의 교사에 대한 만족도 증가 등과 관련이 있다(Greenwood & Hickman, 1991). 학부모의 참여를 촉진하고 조장하는 학교의 역할은 학생의 학업성취와 태도에 영향을 끼친다(Eccles & Harold, 1996).

이러한 점은 학부모를 대상으로 하는 교육의 필요성을 시사한다. 학부모의 교육적 관여가 자녀에게 미치는 영향은 학업성취에만 한정되지 않으며, 자녀의 학습동기나 효능감 등의 심리적 요인이나 학교 결석과 같은 자녀의 행동, 그리고 학교생활 적응과도 관련이 있다(문은식·김충희, 2003; 이세용, 1998; Domina, 2005; Gonzalez-

Pienda et al., 2002). 학부모교육을 포함하는 학부모의 학교참여가 부모의 사회경제적 지위와는 독립적으로 자녀의 학업성취와 발달에 긍정적인 영향을 미침으로써 교육 불평등 완화에 기여할 수 있다는 점은 일련의 국내 연구(김경근, 2000; 김영희, 2002; 심미옥, 2003; 원지영, 2009; 이세용, 1998; 주동범, 1998)를 통해서도 확인되고 있다.

학부모의 학부모교육 참여는 학교만족도 및 부모효능감과 관련이 있는 것으로 나타났다. 교육부에서 추진한 '학부모 학교참여 시범학교 사업(2012. 3~2014. 2)'에 참여한 전국의 36개 초·중·고등학교의 학부모를 대상으로 조사한 결과(최인숙, 2013), 학부모교육 참여경험이 많을수록 학부모의 학교만족도와 부모효능감이 높은 것으로 나타났다. 이는 시범학교 사업에 참여한 학부모들이, 학부모교육 참여경험을 통해 자녀양육 및 학업수행과 관련한 부모역할 능력을 습득함으로써 부모로서의 효능감을 높였음을 의미한다. 또한 학부모교육을 통해 학교와의 동반자적 관계에 대한 인식, 태도, 방법 등을 학습함으로써 학교에 대한 만족도를 높였음을 의미한다. 학부모교육 프로그램이 여러 교육정책에 비해 그 효과가 크다는 점(신군자·장희양, 2007)을 고려할 때, 학부모를 지원하기 위한 주요 정책으로 학부모의 자녀교육역량 제고를 위한 학부모교육의 필요성이 강조된다.

학부모교육이 학부모의 자녀교육과 학교생활에 미치는 영향은, 결과적으로 일선학교의 교육과정 운영이나 학생지도와 긍정적으로 연계된다. 따라서 학교의 입장에서도 학부모교육의 필요성이 크다고 할 수 있다. 학교(교사)와 학부모가 학생 또는 자녀의 발달특성에 대한 이해와 지식을 공유함으로써, 학교와 가정에서 일관되고 효과적인 학생 또는 자녀지도가 가능해진다. 또한 학부모교육을 통해 자녀의 학교교육정책에 대한 이해가 높아진 학부모와 학교 사이의 상호 신뢰와 만족도 증가는 학생들의 학교적응, 학업수행 등에 직간접적 영향을 미친다. 학부모교육은 학부모뿐만 아니라 학교의 입장에서도 명백한 필요성과 의미를 가지며, 궁극적으로 행복한 교육공동체의 구축에 기여하는 역할을 한다.

2) 학부모교육의 목적과 목표

학부모지원정책의 관점에서 학부모교육을 정의하기 위해서는 학부모교육을 통해 달성하고자 하는 목적을 명확히 할 필요가 있다. 국내에서 학부모 지원을 위한 정책의 기본 방향을 설정하기 시작한 초창기의 경우 가정, 학교, 지역사회에 학부모들이 적극적으로 참여하기 위해 요구되는 지식, 능력, 기술 등 학부모의 역량을 강화할 수 있는 학부모교육과, 학부모 리더 양성을 위한 교육지원사업을 통해 학부모의 역량을 강화하는 것을 학부모지원정책의 중요한 목표 중 하나로 제시하였다(최상근 외, 2009: 48).

교육과학기술부의 2013년 학부모지원정책 추진계획(안)에 따르면, '학부모의 수요와 특성을 고려한 맞춤형교육 강화', '찾아가는 교육·온라인교육 등을 통한 교육기회 확대 및 교육 다변화', '밥상머리교육 활성화 등을 통한 가정의 교육적 기능 회복'을 통해 학부모의 자녀교육역량을 제고함으로써 궁극적으로 학부모와 함께 만드는 행복한 교육공동체를 비전 및 목표로 제시하고 있다.

학부모교육의 목적을 부모교육과 구분하여 구체적으로 기술하고 있는 자료는 많지 않으며, 지역공동체에 기반을 둔 평생교육의 관점에서 학부모교육의 목적을 기술한 경우가 대부분이다. 신군자·장희양(2005)에 따르면 학부모를 대상으로 하는 프로그램의 목적은, 부모 자신이 자녀의 모든 성장과 발달에 영향을 미치는 중요한 요인임을 인식하여 보호자 및 교육자의 역할을 수행할 수 있도록, 자녀의 성장과 발달·교육에 대해 올바르게 이해하고 적절한 지식과 기술을 습득함으로써 부모 자신의 자아존중감을 증진시키고 부모와 자녀에게 변화를 주는 데 있다.

이경아 등(2010: 7)은 학부모교육이 "지역학습공동체 의식을 증진시킴과 동시에 학교 및 교육청 등 공교육 제도 속에서 부족한 여러 학습 자원을 지역사회와 네트워킹하여 자녀교육에 능동적으로 참여하는 역량을 키우는 교육의 방향성을 가져야 할 것이다."라고 기술하고 있다. 그러나 이상의 내용은 학부모교육의 구체적인 목표와 지향점, 정책 수행기관 및 대상으로서의 학부모의 범위와 관련해서 다소 포괄적이라는 문제가 있다. 예를 들어, 평생교육의 관점에서 보면 학부모의 범위가 현재 자녀를 초·중·고등학교에 보내고 있는 학부모뿐만 아니라 예비 학부모 및 대학생 자녀를 둔 학부모로까지 확대된다. 또한 평생교육 및 지역공동체의 관점은 학부모교육의 목표와 지향점에 학부모 자신의 역량 강화를 위한 평생교육의 내용을 포함하기도 한다.

최근 교육부에서는 가정과 학교, 사회의 순기능에 대한 이해를 바탕으로 부모로서의 역할을 수행하고 자녀양육을 바르게 실천하는 태도와 능력을 필요로 하는 학부

밥상머리교육 ‖ 가족이 모여 함께 식사를 하면서 대화를 통해 가족 간 유대감을 높이고 자녀의 인성을 키우는 가정 내 인성교육방법

모를 대상으로, 국가평생교육진흥원 전국학부모지원센터와 함께 《학부모교육 업무 매뉴얼 2013》을 발간하였다(2013: 6). 여기에서는 학부모교육의 목적을 ① 학부모의 건전한 교육관 정립으로 바람직한 학부모상 구현, ② 학부모의 자녀교육역량 강화를 통해 심신이 건강한 자녀양육, ③ 자녀교육에 대한 다양한 정보제공을 통한 사교육비 경감, ④ 학부모의 자발적 참여 유도, ⑤ 자녀교육에 대한 참여 확대로 인한 교육 수요자 만족도 제고로 제시하고 있다. 급변하는 사회에서 내 자녀를 바로 알고, 자녀가 다니는 교육 기관 및 환경을 이해하고 지원하며, 교육정책에 대한 이해를 통해 학부모로서의 역할을 제대로 수행할 수 있도록 도와주는 프로그램이나 교사와 학부모의 새로운 관계 정립을 위한 학부모교육이 요구된다고 볼 수 있을 것이다(이찬승, 2012; 홍후조 외, 2013에서 재인용).

현재 정부에서 학부모정책을 추진하는 근본적인 목적은 공교육을 살리고 행복한 교육공동체를 구현하는 데 있다. 이는 학교를 중심으로 학생, 교사, 학부모가 함께 협력하는 것을 지향하는 바, 학부모교육은 이에 부합할 수 있도록 그 목적을 구체화해야 할 것이다.

즉, 학부모의 역량 강화와 교육 참여 활성화를 통해 '학생-학교-학부모'가 모두 행복한 교육공동체를 형성하고 공교육의 목적을 달성하는 데 도움이 될 수 있도록 학부모교육의 비전과 구체적인 목표를 명확히 해야 한다. 동시에 현실적으로 학부모의 교육 참여율을 높일 수 있는 효과적인 접근 방안을 함께 고려한 학부모교육을 모색

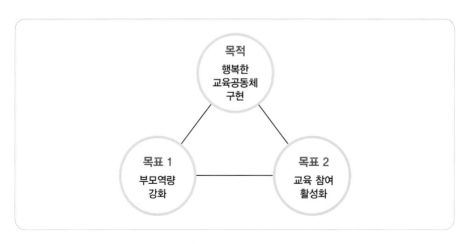

그림 1-1 학부모교육의 목적과 목표

해야 할 것이다. 이에 따라 학부모교육은 행복한 교육공동체 구현이라는 학부모정책의 기본 목적을 공유하며, 구체적으로는 부모역량 강화와 학부모의 교육 참여 활성화를 목표로 한다.

3 학부모교육의 발전과정

1) 학부모정책 현황

우리나라 학부모교육의 발전과정을 살펴보기에 앞서, 이에 근간이 되는 학부모정책의 현황을 살펴볼 필요가 있다.

교육의 3주체는 '학생-교사-학부모'이다. 하지만 그간 우리나라 교육현장에서 학부모는 비공식적으로 존재해왔다고 해도 과언이 아니다. 그러면서도 동시에 학교의 실종, 공교육의 붕괴 등 각종 자극적인 표현이 등장하는 교육문제와 관련해서는 학부모가 대표적인 원인 제공자로 지목되었다는 점에서 모순이 느껴지기도 한다.

1990년대 중반 이후 '학부모의 교육선택권' 등의 사회이념이 등장하면서 학부모의 역할에 대한 사회적 관심이 높아지기 시작했다. 이렇듯 교육현장에서 사실상 의미 있는 비중을 차지함에도 불구하고 그 존재에 대해 공식적으로 다루어지지 않았던 학부모에 주목하여, 2009년에 정부 수립 이후 최초로 학부모정책 전담 부서가 출범하였다. 2009~2012년까지 교육과학기술부(현 교육부)에 설치·운영된 학부모정책과에서는 우리나라 학부모의 높은 교육열을 생산적인 방향으로 바꾸어 공교육을 내실화하고 공교육에 대한 신뢰를 회복하는 것을 목적으로 다양한 학부모지원 정책을 개발·실시하였다.

학교 현장에서 이루어지는 학부모정책은 기본적으로 학부모가 효율적으로 학부모의 역할을 수행하고 학교교육에 능동적인 주체로 참여하는 것을 목적으로 한다. 이러한 목적에 따라 이와 관련된 학부모 역량 강화가 요구되며, 역량 강화의 중요한 한 축이 바로 학부모교육이다. 예를 들어 2009년 교육과학기술부에 학부모지원과가 출범하면서 학부모지원 중장기 계획 수립을 위한 중점 추진과제의 하나로 '학부모교육

학부모정책 ‖ 학부모가 효율적으로 학부모의 역할을 수행하고 학교교육에 능동적인 주체로 참여할 수 있도록 지원하는 정책

지원'(최상근 외, 2009: 48)을 제안한 바 있다. 그 내용은 크게 수요자 중심의 학부모교육과 학교참여 전문성 교육으로 구성된다.

수요자 중심의 학부모교육은 수요조사를 통한 자기주도적 학습법, 진로지도, 인터넷 중독 및 성폭력 예방 등 실용적인 교육 지원을 포함한다. 학교참여 전문성 교육은 학부모회 임원, 학교운영위 위원 등을 대상으로 한 교육과정, 학교회계에 관한 학교참여 전문성 교육 등의 내용을 포함한다. 이러한 양상은 2013년도 학부모지원정책 추진계획에서도 여전히 발견된다. 교육부의 2013년 학부모지원정책 추진계획(안)에 따르면, 학부모 자녀교육 역량 제고라는 추진과제 달성을 위해 '학부모의 수요와 특성을 고려한 맞춤형 교육 강화'라는 추진전략을 제시하고 있다.

학부모정책의 필요성에 대한 인식이 등장함과 동시에 공적 영역에서 학부모정책을 다루기 위하여 학부모지원센터와 서울대학교 학부모정책연구센터가 설립되었다. 학부모지원센터는, 자녀교육과 관련하여 학부모가 능동적인 정책 파트너로 함께 성장할 수 있도록 지원하는 각종 프로그램을 개발하고 정보를 제공하며, 전국적인 학부모정책 네트워킹을 추진하기 위한 목적으로 2010년 설립되었다. 현재는 평생교육진흥원이 위탁 운영하는 전국학부모지원센터를 중심으로 전국 각 시도교육청 산하 시도 학부모지원센터를 운영하고 있다.

> **학부모지원센터** ‖
> 자녀교육과 관련하여 학부모가 능동적인 정책 파트너로 함께 성장할 수 있도록 지원하는 각종 프로그램을 개발하고 정보를 제공하는 기관으로 전국 시도교육청 산하에 설치되어 있음.

그림 1-2 전국학부모지원센터 홈페이지

그중 서울대학교 학부모정책연구센터는 자녀교육 및 가족관계, 학부모의 교육 참여에 대한 연구와 정책 개발을 통해 가족과 교육을 연계·지원하기 위해 2011년 교육부와 한국연구재단이 지원하는 정책중점연구소 지원 사업으로 설립되었다.

2) 학부모교육 현황

중앙정부 차원에서 학부모정책의 한 축으로 학부모교육에 관심을 가지기 이전까지, 우리나라의 학부모교육은 주로 민간 차원에서 일반적인 부모교육의 형태로 이루어졌다. 부모교육 또는 학부모교육을 담당한 기관은 관련 민간단체, 평생교육기관, 기초자치단체, 또는 영리 목적의 민간기관 등이었다. 이들 기관은 크게 영리 또는 비영리기관으로 구분되며, 온라인 또는 오프라인에서 교육을 진행했다.

민간기관 중 전문가의 추천을 받은 7개 학부모교육 운영기관의 사례를 분석한 이경아 외(2010)에 따르면, 이들 기관에서는 대체로 부모-자녀관계 향상 및 자녀 이해, 올바른 부모역할과 리더십, 아버지 교육, 자녀의 학습 및 진로지도 등의 교육과정을 운영하는 것으로 나타났다. 대체로 일반적인 부모교육의 주제에서 크게 벗어나지 않는 양상이다. 다만, 일부 운영기관의 경우에는 최근 새롭게 변화한 정책 환경에 따라 학교교육 참여를 위한 자원봉사자 교육 등을 내용으로 포함하고 있다. 민간 차원에서 이루어지는 부모교육 또는 학부모교육은 여전히 큰 비중을 차지하고 있다. 특히 입시와 관련한 학부모 대상 강좌는 상당히 높은 인기를 누리고 있는 현실이다.

1990년대 중반 이후 '학부모의 교육 선택권', '소비자로서의 학부모' 등의 사회 이념이 대두되면서 교육에 영향을 미치는 학부모역할의 중요성이 인식되었다(서현석, 2013). 국내에서는 2000년대로 접어들면서 이와 관련한 움직임이 중앙정부 차원에서 서서히 등장하였다. 특히 학부모교육 프로그램에 대한 수요를 점차 인식하면서 학부모교육 관련 사업 또는 정책을 시도하는 노력이 시도교육청 및 전국단위 사업을 통해 실시되었다. 대표적인 사례로 '교육복지투자 우선지역 지원사업', '방과후학교 학부모 코디네이터 사업', '지역과 함께하는 학교사업'이 있는데, 사업 추진과 관련하여 학부모연수 또는 학부모교육을 프로그램의 내용에 포함하고 있다.

학생에 대한 총체적인 지원을 통해 교육격차를 완화하고 교육적 성취를 제고하는 것을 목적으로 하는 '교육복지 투자우선지역 지원사업'의 경우, 사업의 취지를 제대로 수행하기 위해서 지역사회와 학교를 매개해줄 자원봉사자를 필요로 한다. 이에 따라 해당 사업은 자원봉사자로 학부모를 선정하여 이들을 대상으로 학부모연수를 실시하는 것을 사업 내용에 포함하고 있다. 그러다 보니 전체 사업에서 학부모교육이 차지하는 비중이 그다지 크지 않을 뿐더러, 교육복지 투자우선지역 지원사업에 대한 이해라든가 교육취약 학생의 특성 등에 관한 내용이 학부모연수 프로그램의 절반 정도를 차지했다. 이외에는 기존의 부모-자녀 간 대화 기법 등과 관련한 프로그램이 '가족기능 강화 부모교육'의 영역에서 다루어졌다.

'방과후학교 학부모 코디네이터 사업'은 방과후학교 운영에 따른 교원의 업무 부담을 해소하고, 학생뿐만 아니라 학부모에게 방과후학교에 대한 이해와 신뢰도를 높여 학부모의 적극적인 참여와 협력 속에 공교육 신뢰도를 제고하겠다는 목적으로 시행되었다. 이 사업에서 실시된 학부모교육은 방과후학교의 원활한 운영을 지원하는 학부모 자원 인력양성을 중심으로 이루어졌다. 따라서 구체적인 교육내용도 방과후학교에 대한 이해, 학생과 학부모에 대한 이해, 학교와 지역사회에 대한 이해, 코디네이터의 기본 자세 등 관련 업무에 한정된 경향을 보였다.

'지역과 함께하는 학교 사업'에서는 학교와 지역 간 협력을 통해 지역공동체를 복원함으로써 사교육 급증, 학생 안전 문제 등 자녀교육 및 학교를 둘러싼 제반 사회적 문제를 해결한다는 목적으로, 학부모교육 중심의 평생교육 프로그램을 운영하였다. 이에 따라 좋은 학교 만들기, 좋은 부모 되기, 교육과정 이해하기 등 학부모의 의식을 함양하고 부모역할을 잘하기 위한 교육내용이 학부모교육에 포함되었다. 또한 평생교육의 관점에서 학부모를 대상으로 전문성을 계발하기 위한 주민 대상 교육을 실시하고, 지역공동체 형성의 필요성에 대한 인식 제고 등과 관련해서 공동체교육을 실시하였다.

이상의 내용을 살펴보면, 중앙정부 차원에서 실시하는 사업 안에 대체로 학부모교육에 대한 내용이 포함되기는 하였으나, 개별적인 사업의 목적에 따라 구체적인 교육내용이 제한적임을 알 수 있다.

2009년 교육과학기술부 내에 학부모정책팀이 신설되면서 공교육 활성화라는 목적에 부합하는 학부모교육에 초점을 맞춘 사업이 시도되었다. 2009년 학부모정책팀 신설과 함께 2009년 9월부터 2010년 12월까지 실시된 '좋은 학부모교실 사업(교육과학기술부 학부모정책팀, 2010)'은 학부모의 자녀교육 및 학교참여 역량 제고의 기회 제공을 목적으로 학부모교육 프로그램을 개발하고 이를 운영하는 방식으로 진행되었다.

이 사업에서는 학부모교육의 저변을 확장하기 위해 찾아가는 학부모교육, 사이버 학부모교육 프로그램 등 다양한 전달 방안을 모색하였으며, 《학부모 학교참여 사례집》을 발간하고 학부모 지원사업 성과보고회를 개최하는 등 다양한 학부모교육 사례를 발굴하여 보급하였다. 이 사업에서 제시한 학부모교육 프로그램의 내용은 당시 학부모정책 추진방향에서 제시된 학부모교육 프로그램 개발 및 운영과 학교교육 참여 지원, 이 2가지 영역에 초점을 맞추어 구성되었다. 해당 사업은 이 2가지 영역을 큰 틀로 하여 학습, 정보화, 창의성 계발, 인성, 진로교육, 부모역할 훈련, 학교교육 참여, 교육정책 이해로 세분화된 학부모교육을 운영하였다.

'좋은 학부모교실 사업'은 학부모에게는 자녀교육 및 학교참여 역량 제고의 기회를 제공하고 학부모와 교직원 모두에게 학부모의 학교참여에 대해 인식하는 계기를 마련해주는 긍정적인 효과가 있었던 것으로 평가되었다. 그러나 효율적인 학부모교육 프로그램 운영, 학부모의 교육만족도 확보, 학부모의 접근 가능성이 높은 학부모교육 시스템 마련 등에 있어 여러 가지 한계를 지적받기도 하였다(교육과학기술부 학부모정책팀, 2010).

학부모정책 시행 초기에 기획·실시된 학부모교육 사업에 대한 평가에 기반하여, 단위학교 차원의 학부모 학교참여 활성화 모델을 개발하고, 학부모 학교참여의 저변을 확장하여 내실을 기하기 위한 목적으로 2012년 3월부터 '학부모 학교참여 시범학교 운영 사업(교육부, 2013)'이 2개년 사업으로 실시되고 있다.

이 사업은 정부의 학부모지원정책 추진계획과 연계하여, 사업에 참여한 단위학교가 학부모교육, 교육기부, 학부모-학교 소통의 영역 중 한 영역을 선택하여 학교급별, 지역별, 학교 특성별로 차별화되고 특색 있는 학부모 학교참여 활동 사례를 발굴하는 것을 주요 목적으로 한다. 또한 2개년에 걸쳐 시행된 활동 사례에 대한 평가를 통해 과정 중심의 학부모 학교참여 모델을 구축함으로써, 학부모정책의 효과가 일선 학교의 저변으로 확대될 수 있는 기반 마련을 목적으로 한다.

'학부모 학교참여 시범학교 운영 사업'의 주요 유형 중 하나로 자녀교육 이해 및 역량 강화를 위한 학부모교육이 있다. 이는 크게 ① 자녀교육 지도를 위한 학부모교육, ② 찾아가는 학부모교육, ③ 학교교육 참여와 이해를 위한 전문교육 강화로 구성된다.

자녀교육 지도를 위한 학부모교육의 경우 학교폭력 예방, 밥상머리교육 등 인성교육을 위한 학부모교육, 진로교육 등 자녀교육을 위한 학부모교육이 주를 이룬다. 또한 신입생 학부모를 위한 새내기 학부모교육 등 실용적인 자녀지도 프로그램의 내용을 포함한다. 찾아가는 학부모교육의 경우, 지역의 교육여건과 학부모의 수요를 반영한 다양한 학부모교육 운영, 아버지 참여를 권장하는 풍토 조성, 취약계층 학부모를 위한 맞춤형 학부모교육 실시의 내용을 포함한다. 학교교육 참여와 이해를 위한 전문교육 강화의 경우, 학부모의 실질적인 학교교육 참여 방법에 대한 교육, 건전한 학부모회 활동을 위한 교육, 교육과정 및 학교회계 등에 대한 전문가 교육 등의 내용을 포함한다. 학부모교육 영역의 중점 추진계획은 학부모교육의 실효성 확보에 초점을 맞추고 있다. 이를 위해 학부모 요구조사를 기반으로 한 학부모교육 실시와 같은 내용 측면의 검토와, 학부모교육을 학교설명회, 상담 주간, 수업 공개, 학부모총회 등과 연계 실시하거나 별도과정을 운영하는 등의 접근성 검토가 집중적으로 이루어지고 있다.

이외에도 학부모교육의 저변을 확장하고 내실을 기하기 위해 전국학부모지원센터 및 각 시도 학부모지원센터가 자체적으로 학부모교육 프로그램을 개발하여 시도교육청 및 일선 학교에 제공하거나 학부모와 직접 상호작용하는 노력을 기울이고 있다.

3) 현행 학부모교육의 문제점

학교의 붕괴, 공교육의 위기 등 우리 교육현장에 대한 우려가 끊이지 않고 있다. 이러한 우려가 발생하게 된 원인 중 하나로 학부모의 문제를 지적하는 목소리가 존재하고 있다. 이 목소리는 자녀교육 및 학업성취에 대한 학부모들의 잘못된 인식이 아이들을 학교 밖 사교육 현장으로 내몬다고 말하며, 학부모와 학교 간 불신이 이런 양상을 더욱 심화시킨다고 지적한다.

또 다른 이면에는 학부모 또는 부모역할에 대한 관련 정보의 엄청난 증가라는 다소 모순적인 원인도 존재한다. 지금도 서점과 문화센터 등에는 자녀의 학업을 지원하는 방법을 알려주는 엄청난 양의 서적이 쏟아져 나오고 있다. 많은 사람들이 학부모의 역할에 관심을 가지고 보다 나은 학부모역할을 하기 위해 책을 구매하고 강연을 찾아다니고 있음에도 불구하고 학교의 위기가 끊임없이 거론되는 이유는 무엇일까?

2010년부터 2012년까지 매년 실시되는 '학부모 자녀교육 및 학교참여 실태조사(최상근 외, 2010; 최상근 외, 2011; 이강이, 그레이스정, 이현아, 최인숙, 2012)'에 따르면, 학부모교육을 받은 경험이 있는 학부모의 경우에는 거의 대부분 학부모교육이 자녀교육에 도움이 되었다고 응답하고 있다(2010년, 58% → 2011년, 91.6% → 2012년, 95.6%). 그런데 이처럼 많은 학부모들이 학부모교육의 효과를 인식하고 있음에도 불구하고, 학부모교육에 참여한 경험이 있는 학부모가 전체 학부모의 1/3에도 못 미치는 것으로 나타난다(2010년, 32.3% → 2011년, 27.1% → 2012년, 27.5%).

또한 학부모교육 경험이 있는 학부모를 대상으로 학부모교육에 참여한 횟수를 물어본 결과, 최근 1년간 1회 참여했다는 응답이 가장 많은 것으로 나타나서(2010년, 59.7% → 2011년, 64.5% → 2012년, 62.0%), 학부모교육 경험이 일부 학부모만을 대상으로 단편적으로 이루어지고 있음을 알 수 있다. 학부모교육을 경험한 부모들이 그 효과를 인지함에도 불구하고 여전히 학부모교육 참여율이 답보 상태인 이유는 무엇일까?

2012년도 실태조사(이강이 외, 2012) 결과에 따르면, 학부모들이 학부모교육을 받지 않은 이유로 '시간이 맞지 않아서(35.7%)'가 가장 높은 비중을 차지했다. 다른 이유로는 '시간이 없음(28.3%)', '교육 정보가 없어서(20.1%)', '교육 필요성을 느끼지 못해서(12.2%)'가 나타났다. 학부모들의 이러한 응답은 현행 학부모교육의 문제점이 크게 내용과 접근성에 근거하고 있음을 보여준다.

(1) 학부모교육의 내용

학부모교육의 내용과 관련한 현행 학부모교육의 문제점은 크게 '수요자인 학부모의 요구가 얼마나 충실하게 반영되고 있느냐' 하는 문제와 학부모정책이 지향하는 행복한 교육공동체 구축과 관련하여 '현행 학부모교육이 학교가 필요로 하는 내용을 얼마나 포함하고 있느냐' 하는 문제로 나누어 살펴볼 수 있다.

첫째, 학부모교육의 내용 측면에서 현재의 학부모교육이 학부모의 요구를 제대로 반영하고 있는가에 대해 살펴본다. 앞서도 언급했듯이 학부모교육과 부모교육의 개념은 명확하게 구분되지 않고 있다. 그러다 보니 일선 단위학교에서 실시되는 학부모교육의 상당수가 기존의 부모교육 프로그램을 그대로 답습하고 있다. 즉, 기존의 부모교육이론 및 프로그램에 근거한 부모역할 일반에 대한 내용이 단위학교의 일회성 특강 중심 교육 프로그램이나 학부모지원센터의 일반 프로그램에 반영되고 있으며, 그 내용 또한 기본적인 자녀양육과 관련한 교육 또는 부모-자녀관계 향상 등이다.

예를 들어, 많은 단위학교에서 학부모교육의 주제로 선정하는 부모-자녀 간 의사소통 방법에 대한 실제 교육내용을 살펴보면, 그 내용이 모든 연령을 대상으로 하고 있어 학교급별 차이라든가 학부모의 특성 등을 반영하지 않음을 알 수 있다. 또한 자녀의 전반적인 성장을 지원하고 원활한 의사소통을 위해 부모가 가져야 하는 태도 등 일반적인 내용을 포함하는 경우가 대부분이다.

사실 학부모들이 원하는 교육의 내용은 지극히 자녀 중심적이다. 현실적으로 학부모들이 가장 많은 관심을 보이는 것은 자녀의 진로 및 학습지도와 관련한 내용이고, 그다음이 부모-자녀관계 향상에 대한 내용이다. 그리고 이와 관련한 사교육 시장에 대한 의존도가 상대적으로 높다. 학부모들은 관련 정보를 공적 영역이 아닌 사적 영역에서 충족하는 경향이 있다. 신뢰할 만한 학습 정보를 학부모에게 제공하고 학부모가 자녀의 진로와 관련한 역량을 키울 수 있는 학부모교육을 제공하는 것이 필요하지만, 과연 현재의 학부모교육이 이러한 요구를 충족시키는가에 대한 의문이 제기된다.

현행 학부모교육의 한계와 관련해서, 과연 학부모교육이 학부모의 요구만을 반영하는 것이 타당한가 하는 의문 또한 존재한다. 학부모교육을 포함하여 학부모정책을 추진하는 기저에는 행복한 교육공동체 구축이라는 목적이 존재하고 있으며, 이를 위해서는 학생-학부모-교사 간의 상호 인식을 높이고 긴밀한 파트너십을 구축하는 것이 필요하다. 특히 학교교육 참여의 능동적 주체가 되기 위한 학부모 역량 강화라는 목표를 고려할 때, 자녀를 위탁하고 있는 교육기관이나 교육기관을 둘러싸고 있는 교육정책 환경 등에 대한 이해가 필요하다. 더불어 자녀가 위탁된 교육기관의 단계·영역별로 학부모에게 필요한 지식과 기술이 학부모교육 프로그램을 통해 제공되어야 한다.

2009년 이후 중앙정부 차원에서 학부모 학교참여 활성화를 도모하면서 '학교 이해와 참여'를 목적으로 학부모를 대상으로 학부모 리더 교육 등(학교교육의 이해, 교육과정 운영과 지원, 학부모회 활동의 이해와 참여 촉진, 학부모 자원봉사활동의 이해와 참여 촉진)을 실시하고는 있다. 또한 학부모교육 지원을 통해 학부모의 역량을 강화함으로써 가정, 학교, 지역사회, 정부 등의 교육공동체 구성원 간 체계적 파트너십을 구축하고, 학부모의 교육 참여 확대를 통해 학교교육의 질을 제고하여 궁극적으로 공교육에 대한 학부모의 신뢰를 회복함으로써 학교교육에 대한 만족도를 제고하는 것을 학부모지원정책의 목표로 한다(최상근 외, 2009: 40). 이러한 점을 학부모지원정책이 본격적으로 논의되기 시작한 2009년부터 제안하기는 했으나, 실질적으로 그러한 내용을 반영한 학부모교육이 제공되어 왔는가는 별개의 문제이다. 현실적으로 이러한 내용을 다루는 학부모교육에 대한 학부모의 관심은 많이 부족하다. 심지어 학부모의 관심과 참여를 유도해야 할 단위학교의 인식도 그다지 높지 않다.

그러나 학부모와 단위학교의 관심이 적다고 해서 이를 등한시하는 것은 바람직하지 않다. 학부모정책이 지향하는 행복한 교육공동체 구축이라는 목적을 고려한다면, 자녀양육 및 교육을 함께하는 대상으로 학교와 지역사회를 반영해야 한다. 즉, 학교교육 참여의 능동적 주체가 되기 위한 학부모 역량 강화를 목표로 하는 학부모교육뿐만 아니라, '가정-학교-지역사회'가 함께하는 학부모교육의 내용을 포함함으로써 소위 학부모의 사회적 역량 강화에도 관심을 기울일 필요가 있다.

(2) 학부모교육에 대한 접근성

현행 학부모교육에 대한 접근성은 학부모의 입장과 학교의 입장에서 모두 한계를 가지고 있다. 먼저 학부모의 입장을 살펴보면 자신의 필요에 적합하고 내실 있는 학부모교육에 대한 정보 접근에 한계가 있는 경우와, 학부모교육에 참여하고 싶음에도 불구하고 여러 가지 상황으로 인해 어쩔 수 없이 소외되는 학부모의 경우가 있다.

학부모교육에 대한 접근 경로와 관련해서 대부분의 학부모들은 주로 신문, TV, 잡지, 인터넷 커뮤니티, 학교 홈페이지 등을 통해 자녀교육에 대한 정보를 얻고 있으나, 필요한 때에 원하는 정보를 충분히 얻고 있지 못하다고 응답했다(이경아 외, 2010: 6). 또한 지역교육청이나 단위학교에서 제공하는 자녀교육에 대한 정보제공이 매우 취약하여 사교육 시설 및 기관에 대한 의존도가 심화되고 있다(최선미, 2004; 이경아 외, 2010 재인용). 단위학교에서 실시하는 학부모교육에 참여하고 싶지만 현실적인 여건상 참여하지 못하는 학부모들을 살펴보면, 소득수준이 낮거나 맞벌이가족이거나 또는 농·어업에 종사하는 등의 이유로 낮 시간에 주로 이루어지는 학부모교육에 참여하기 힘든 것으로 나타난다(이강이, 최인숙, 서현석, 2012; 최인숙, 2013).

일선 단위학교의 입장을 보면 무엇보다도 학부모교육을 담당할 인력을 확보하고 수준 높은 학부모교육 강사를 확보하는 데 많은 어려움을 호소하고 있다. 물론 이러한 문제를 해결하기 위해 전국학부모지원센터를 중심으로 시도교육청 산하 학부모지원센터 및 유관기관의 네트워크 구축을 활발히 진행하고 있기는 하지만, 농·어·산촌 지역 소규모 단위학교의 학부모교육 강사 확보는 현실적으로 많은 제약을 받고 있다.

현재 학부모교육은 각 시도교육청 및 지역교육청, 단위학교에서 지역과 학교의 여건에 따라 자율적으로 실시하고 있으나, 개별 학교에 따라, 혹은 지역에 따라 편차가 크게 나타나고 있으며 학부모교육을 담당하는 시도교육청의 부서 또한 일관되지 않은 실정이다. 기존의 학부모교육은 상당부분 단위학교 차원의 일회성 특강 위주로 이루어져 왔으며, 학부모교육에 대한 정보제공 또한 각 부처에서 산발적으로 이루어지거나 지역사회교육협의회, 시민단체, 개인상담연구소 등 민간영역에서 담당해왔다. 학부모와 단위학교가 처해 있는 학부모교육에 대한 접근성 문제가 해결되지 않는다면 학부모교육의 활성화는 요원하다고 볼 수 있다.

학부모교육의 관점

02

학부모교육의

관점

학부모교육은 공교육기관에 재학 중인 학생을 자녀로 둔 학부모를 대상으로, 올바른 자녀양육을 지원하기 위하여 시작된 부모교육과, 평생학습의 일환으로 진행되는 성인교육, 교육공동체의 바람직한 발전에 기여하는 학부모의 학교참여로서의 학부모교육 등 3가지 관점이 통합되는 교육의 한 영역이라 할 수 있다. 부모교육, 평생교육, 학부모 학교참여는 각각 학부모교육과 중복되어 교차점에 위치하지만, 학부모교육과 동일한 개념은 아니다.

이 장에서는 부모교육, 평생교육, 학부모 학교참여가 각각 어떻게 발전해왔으며, 학부모교육이라는 통합적 교육모델을 구축하는 데 어떻게 기여했는지를 살펴보고자 한다. 이러한 3가지 관점은 학부모교육이 체계화되는 토대가 되고, 학부모교육의 구성요소에 영향을 미쳤다는 점에서 학부모교육의 이해에 필수적이다. 여기서는 학부모교육에 관여하는 부모교육, 평생교육, 학부모의 학교참여로서의 학부모교육 등 3가지 관점에 대하여 논의한 후 학부모교육의 특성을 정리하고자 한다.

1 부모교육과 학부모교육

1) 부모역할과 부모교육의 내용

학부모교육의 시작은 부모교육으로부터 비롯되었다고 보아야 할 것이다. 그동안 부모교육은 의학, 사회사업학, 교육학, 심리학, 상담학, 가족학, 아동학에 이르기까지 다양한 분야에서 논의되어 왔다. 부모교육은 부모역할에 대한 이해를 높이고, 선택할수 있는 부모역할의 대안적 모델을 제공한다. 또한 인간발달과 관계에 대한 새로운지식과 기술을 가르치고, 지역사회에서 사용 가능한 자원에 접촉할 수 있도록 지원하여(Wandersman, 1987) 가족의 기능과 만족도에 긍정적으로 영향을 미친다(정현숙, 2007: 251).

이러한 부모교육의 대상과 목적은 부모-자녀관계에 대한 관점에 따라 여러 가지로논의될 수 있다. 즉, 부모교육은 단순히 자녀의 성장에 필요한 영양공급에서 시작하여 영유아의 신체적·인지적 정서 및 사회적 발달을 촉진시키는 것을 포함하는 광범위한 역할에 관련된 사항을 다룬다. 이 모든 부모의 역할은 부모-자녀 간 끊임없는상호작용을 통해서 이루어진다고 할 수 있다. 따라서 부모의 역할에 대한 구체적인이해를 위해서는 자녀의 성장과정에 따른 단계별 특징과 그 시기에 강조되는 부모역할을 살펴볼 필요가 있다.

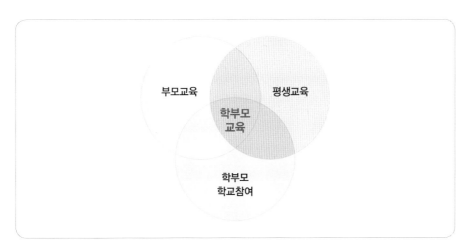

그림 2-1 학부모교육의 3가지 관점

표 2–1 자녀의 발달단계에 따른 부모역할

자녀의 발달단계	부모역할
태내기	• 임신에 대한 긍정적 태도 • 태내환경에 대한 배려 • 아버지의 적극적 참여: 임신한 아내에 대한 남편의 정서적 지지 • 출산 준비
영아기	• 부모역할에 대한 적응 – 많은 여성들은 부모로서의 자신의 역할에 대해 자신감이 없으며, 육아 기술 등의 미숙함으로 인해 스트레스 경험 – 아버지의 부모역할에 대한 완만한 적응은 아버지로서의 역할 수행에 도움을 주고, 아내의 자녀양육에 대한 부담을 경감시켜 줌. • 양육자의 역할 • 기본적 신뢰감과 자율감의 발달에 대응 • 다양한 감각 자극의 제공
유아기	• 보호자의 역할 • 훈육자의 역할 – 식사습관 – 배변훈련 – 기타 생활습관과 신변처리 능력 • 언어적 상호작용 • 학습 기회나 지적 자극의 제공 – 놀이를 통해 많은 지적 자극을 받아들이게 됨.
아동기	• 근면성의 발달을 위한 적절한 배려와 지도 • 또래와의 상호작용 유도 • 학교생활의 지도 – 교사를 존경하고 학교를 긍정적인 시각에서 보는 것이 필요 • 문제행동의 지도 – 학교공포증, 공격성, 틱장애, 거짓말, 훔치기 등의 지도
청년기	• 청년기 자녀의 건강한 발달을 위해 부모–자녀 간 자율과 애착의 중요성을 인지 • 부모–자녀 간 갈등을 최소화하기 위한 노력 – 가족의 중요한 의사결정에 자녀를 참여시킴. – 자녀의 의견 존중 – 합리적이고 일관성 있는 규율 적용 – 자녀들이 하는 일에 관심과 지원 • 원활한 의사소통을 위한 노력

자료: 정옥분·정순화(2000)에서 발췌 재구성.

자녀의 발달단계를 태내기, 영아기, 유아기, 아동기, 청년기로 나누고 그에 따른 부모의 역할을 간략히 살펴보면 표 2-1과 같다.

스미스와 동료들(Smith et al., 1998)은 NEPE(National Extension Parent Education

Model)에서 부모교육의 확산을 위한 부모교육의 목적 및 기본적인 원리를 제시하였다. 이 모델에서는 자신에 대한 돌봄, 아동의 발달적 요구와 독특성에 대한 이해, 지도, 양육, 동기, 지지advocacy 등이 적극적 부모역할을 위해 필요한 기본적인 기술이라고 보고 있다. 그러나 부모교육자나 부모들에게 가장 중요한 점은 이러한 기술뿐만 아니라 부모역할과 지식, 경험, 타인에 대한 민감성과 자기반성, 고찰 등의 신념이다(Jacobson, 2003; 정현숙, 2007: 252 재인용).

부모교육의 내용은 주로 자녀의 양육 과정에 대한 지식, 효과적인 양육 및 지도방법, 생애주기에 따른 인간발달, 가족발달과 가족관계의 역동성, 가족의 다양한 문화와 특수한 욕구에 대한 이해 등을 포함한다. 부모교육 및 지도 교육과정은 주로 부모가 아동과 청소들을 가르치고 지도하며 영향을 미치는 방법의 이해를 바탕으로 ① 과정으로서의 양육 방법, ② 부모의 권리와 책임, ③ 생애주기에 따른 부모의 역할, ④ 실제 양육 방법에서의 차이 등에 대한 내용을 포함하고 있다.

교육에 참여하는 부모에 따라 아동의 돌봄과 양육, 청소년 발달과 관련된 역할 및 책임에 대한 지식과 이해가 다르며, 양육 상황, 양육에 미치는 환경의 영향, 교육 수준, 선호하는 학습 방법에도 차이가 있다(Bredehoft & Walcheski, 2003).

2) 부모교육이론과 프로그램

부모교육의 필요성을 인식한 심리학자 및 교육학자들은 다양한 이론에 근거한 부모교육 프로그램을 개발·실시하였다. 대표적인 부모교육이론으로는 드레이커스Dreikurs의 민주적 양육이론, 기노트Ginott의 인본주의적 양육이론, 번Berne의 교류분석이론, 대상관계이론 등이 있다.

(1) 민주적 양육이론(Democratic Parenting Theory)

민주적 양육이론은 드레이커스가 아들러Adler의 개인심리학을 토대로 부모와 교사에게 도움을 주고자 개발하였다(이숙희·고인숙·최향순, 2003). 아들러의 개인심리학적 관점에서 한 개인의 부적응행동은, 완전성을 향해 나아가는 개인의 타고난 힘이 좌절당하거나, 타고난 열등감을 극복하는 과정에서 문제가 생기거나, 또는 생활양식의 기초가 되는 사적인 논리에 문제가 생긴 것을 의미한다. 드레이커스는 이러한 아들러의 관점을 부모-자녀관계에 적용시킨 것이다(정옥분·정순화, 2008).

민주적 양육이론에서는 가족구성원, 특히 부모-자녀관계가 평등성을 유지하는 것을 기본으로 하는데, 여기서의 평등성이란 인격적인 평등을 말하며, 평등한 관계를 위해서 부모-자녀 간 서로 존중적인 태도를 지니는 것이다.

이 이론에 따르면, 자녀는 자신의 행동이나 생각에 대한 통제능력이 있고 완전성을 추구하려는 타고난 동기를 가지고 있으므로, 부모는 이러한 자녀의 능력을 신뢰하고 자녀로 하여금 자신의 능력에 대한 통찰력을 갖도록 해야 한다. 또한 자녀가 열등감을 극복하는 과정이나 사적인 논리 전체에서 문제를 보일 경우 이에 대한 이해와 적절한 반응을 해야 한다.

아동은 자아가치를 느끼지 못할 때나 소속감을 느낄 수 없을 때 잘못된 행동목표를 설정하고 잘못된 행동(관심 끌기, 힘 행사하기, 앙갚음, 무능함 보이기)을 하기도 한다. 이에 대해 민주적 양육이론이 제시하는 방안은, 자녀에게 삶의 규칙에 근거한 자연적 결과와 사회적 교훈을 통한 논리적 결과를 알려주는 것과 행동의 이해와 변화를 위한 기본원칙으로 자녀를 격려하는 것이다.

(2) 인본주의적 양육이론(Humanistic Parenting Theory)

인본주의적 양육이론은 로저스Rogers의 인본주의 심리학을 바탕으로 기노트에 의해 발달된 이론이다. 이 이론에서 기노트는 아동의 문제행동을 정서적 요인으로 생각하고 있으며, 그 원인을 부모의 태도에서 찾고 있다(이숙희·고인숙·최향순, 2003). 기노트는 부모-자녀 간 문제가 부모 자신의 성격 때문이라기보다는 부모가 자녀양육 방식을 모르기 때문에 일어난다고 보고, 아동지도와 교육에 초점을 둔 부모교육의 필요성을 강조하였다(정옥분·정순화, 2008).

인본주의 부모교육의 궁극적인 목표는 자녀를 충분히 기능하는 사람, 즉 경험에 대한 개방성을 유지하고, 현재에 충실하며, 자신이나 타인에 대한 신뢰를 보이는 사람으로 키우는 것이다. 그리고 이를 위해 인간중심적 철학을 기본으로 하여 자녀에 대한 수용을 강조하고, 역지사지의 자세로 아동의 입장에서 생각하게 하는 것을 하위목표로 설정하고 있다.

인본주의 양육이론에서 부모는 상담자, 심리치료자의 역할을 해야 한다. 이를 위해 부모는 ① 항상 아동을 인격적으로 존중하는 태도를 가지고 꾸준히, 지속적으로 대화를 나누어야 하고, ② 아동이 보이는 행동이나 들려주는 이야기의 이면에 있는 감정을 이해해야 하고, ③ 칭찬을 과용하지 않으면서, 적절한 수준의 칭찬을 해야 하며, ④ 아동의 안전과 보호를 위해 아동의 행동에 대해 기본적인 제한을 설정해야 한다.

인본주의 부모교육 프로그램은 자녀양육에 있어서 겪는 어려움에 대해 솔직하게 이야기하는 이야기 단계, 앞의 단계에서 털어놓은 아동의 문제들을 놓고 아동의 입장에서 그때 아동의 생각과 감정이 어땠을지 추측해보는 민감성 단계, 자녀양육에 대한 자신의 행동과 태도를 살펴보고 잘못된 점에 대한 개선방안을 생각해보는 개념형성 단계, 그리고 새로이 습득한 기술을 실제로 자녀양육에 적용하는 기술 익히기 단계의 4단계를 따른다.

(3) 교류분석이론(Transactional Analysis Theory)

교류분석은 '상호 반응하고 있는 인간 사이에서 이루어지고 있는 교류를 분석하는 것'이다. 교류분석의 목적은 자기를 이해하고, 타인을 이해하며 자신과 타인의 관계를 이해하는 것이라고 요약할 수 있다. 이러한 이해를 바탕으로 상호 간 관계가 개선되며, 그럼으로써 인간생활 속에 풍부한 인간적 환경이 조성되는 것이다(김성자, 2007).

교류란 대화 또는 의사소통을 의미한다. 이것은 단순히 표면적인 말의 교환이 아니라 마음속 깊이 전해지는 미묘한 의미, 정교한 의도, 숨겨진 느낌 등 여러 가지 측면을 포함한 깊은 수준의 의사소통을 의미한다. 따라서 교류반응이란 사람들이 언어적·비언어적 자극에 대하여 다양하게 반응하는 것을 뜻하며, 교류분석은 인간 사이에서 이루어지는 교류를 분석하는 것이다. 또한 교류분석은 진솔한 교류를 회복하는 데 초점을 두어 부모–자녀 사이, 부부, 교사, 학생, 기타 인간관계 속에서 애정과 신뢰를 통해 친밀감을 회복하는 것을 강조한다(장성오, 2011).

교류분석 부모교육 프로그램은 부모가 자신을 이해하고 삶의 자세를 교정하여 인간관계를 원만히 수행할 수 있도록 돕는 데에 목적이 있다. 때문에 기존의 부모교육에서 주된 문제점으로 생각되었던 기술이나 기법이 강조되어 일회적, 비지속성 등의 문제를 어느 정도 완화할 수 있다. 즉 의사소통 기술이나 훈육 방법을 훈련하는 기술적 차원의 교육 수준을 넘어 학부모의 내면적 가치관을 변화시켜 근본적인 삶의 자세를 변화시킬 수 있는 가능성을 찾아 볼 수 있다.

(4) 대상관계이론(Object Relationship Theory)

많은 부모들이 자녀를 잘 키워보겠다는 강한 욕구를 갖고 있다. 그러나 대부분의 부모가 적절한 지식과 기술의 결핍으로 인하여 어떤 문제 상황에 직면하게 되면 구체적 해결 방법을 강구하기보다는 자신의 무의식적인 습관적 생각과 행동으로 갈등을 일으키게 된다.

부모가 자녀교육과정에서 겪는 역할수행상의 혼란은 적절한 부모교육을 통해 해소될 수 있다고 본다. 물론 의사소통 기술이나 문제 상황에 대한 해결 방법 등 기술적인 지식은 다른 부모교육 프로그램을 통해서도 배울 수 있다. 그러나 머리로는 방법을 알아도 어떤 특정 상황에서는 자기도 모르게 소리를 지른다거나 하는 통제할 수 없는 무의식적인 습관에 따라 행동하게 되는 경우가 많다.

대상관계이론에 근거하는 보웬Bowen의 가족치료이론은 가계도를 이해하고 자신의 가족과 자신의 역할을 이해함으로써 부모와 자녀의 병리적 융합, 삼각관계 등을 탐색하거나 자아분화를 향상시키고 가족체계에 영향을 주어 건강한 가족을 형성하고 유지하고자 했다.

대상관계이론을 적용한 프로그램들은 대상관계의 변화, 정서적 공감력 향상, 우울 감소, 아동의 공격성 감소, 학업성취도 향상, 부모-자녀관계 증진과 아동의 발달에 긍정적인 영향을 미치는 것으로 보고하고 있는데, 이러한 효과적인 대상관계 이론을 통해 어머니의 대상관계 변화에 초점을 맞춘 부모교육 프로그램에 관한 연구가 더욱 필요하다(현정희, 2011).

앞에서 살펴본 각각의 부모교육이론을 바탕으로 한 프로그램이 부모자질 향상을 위해 다양하게 개발되어 실시·보급되어 왔다. 대표적인 부모교육 프로그램으로 잘 알려진, 효율적 부모역할수행을 위한 체계적 훈련(STEP), 효율적인 부모훈련(PET), 적극적 부모역할 프로그램(APT), 교류분석 부모교육(TA) 등의 내용을 간략히 소개하면 다음과 같다.

◉ 효율적 부모역할수행을 위한 체계적 훈련(STEP)

STEP(Systematic Training for Effective Parenting) 프로그램은 덴마이어Denkmeyer와 드레이커스의 부모교육이론과 아들러의 심리학이론을 부모교육에 적용하여 발전시킨 것이다. 이 프로그램은 민주적인 가정의 부모–자녀관계의 질을 향상시키기 위해서는, 부모와 자녀가 상호작용하고, 민주적인 의사소통을 통해 자연적·논리적으로 관계의 질적 향상이 이루어진다는 가정 하에 고안되었다. STEP 프로그램의 예를 살펴보면 다음과 같다.

1회기 예비 모임(부모교육의 필요성, STEP 프로그램 소개, 자기소개 및 사전 검사), 자녀 행동의 이해(잘못된 행동 4가지, 긍정적 관계의 기본요소)

2회기 자녀 이해와 부모 자신의 이해(정서, 생활방식을 결정하는 4가지, 완벽한 부모, 책임 있는 부모, 사례발표 및 문제점 토의)

3회기 자신감과 가치감 길러 주기(부정적인 접근 방법, 격려하는 태도, 격려와 칭찬을 혼동하는 예, 격려의 실례, 사례발표 및 문제점 토의)

4회기 의사소통–반영적 경청(자녀가 감정을 표현할 때, 반영적 경청 방법 익히기 및 주의점, 사례발표 및 문제점 토의)

5회기 의사소통–대안 찾기, 부모의 생각과 느낌의 표현(문제를 가진 사람, 나–메시지·너–메시지 방법, 어린이 존중, 사례발표 및 문제점 토의)

6회기 책임감, 훈육 방법, 자연적·논리적 결과의 활용(기본원리, 논리적·자연적 결과, 결과 적용의 단계, 사례발표 및 문제점 토의)

7회기 가족모임(가족모임의 시기, 가족모임의 시작, 사례발표 및 문제점 토의)

8회기 자신감 개발 및 잠재력 발휘(민주적, 긍정적 부모역할, STEP 총정리, 수료식 및 종강파티, 사례발표 및 문제점 토의)

자료: 오영순·안연경(2013).

◉ 효율적인 부모훈련(PET)

PET(Parent Effectiveness Training) 프로그램은 자녀들이 가진 정신적·정서적 문제를 정신의학적 문제로 취급하지 않고, 부모–자녀 간 인간관계에서 생긴 문제라고 본다. 이 훈련은 양자 간 관계를 개선하는 방법을 부모들에게 교육해야 한다는 관점으로 개발된 프로그램이다. 전문 상담가들이 내담자를 치료할 때 쓰던 기술을 손질하여 고든Gordon에 의해 개발되었다. 이 프로그램에서는 부모-자녀 간 의사소통 수준에 따라 협동적이고 생산적인 부모-자녀관계 또는 비생산적인 부모-자녀관계가 형성된다고 본다. 효율적인 부모훈련의 내용을 간략히 제시하면 다음과 같다.

1주	강사 및 참가자 소개, PET 소개와 정의, 목표 설정하기-행동의 네모꼴 수용도식 /문제 소유를 가리기
2주	반영적 경청-의사소통의 걸림돌/ 걸림돌 경험하기 / 소극적 경청 / 반영적 경청
3주	반영적 경청 실습하기 / 유아와 의사소통하기
4주	나-전달법의 3요소 / 나-전달법 체험하고 인식하기
5주	나-전달법의 종류 / 유아를 위한 나-전달법 / 환경을 재구성하기-가정환경 재구성하기 / 가족환경을 재구성하기
6주	제3의 방법, 욕구갈등의 이해
7주	문제해결의 6단계 / 욕구를 언어로 표현하기 / 제3의 방법으로 계획하기
8주	가치관 대립에 대처하는 기술-가치관 대립을 인식하기 / 자녀의 가치관에 영향 주기

자료: 강선경(2011). 한국심리상담연구소(www.kccrose.com).

◉ 적극적 부모역할 프로그램(APT)

APT(Active Parenting Today) 프로그램은 아들러의 개인심리학 이론을 근간으로 하고 드레이커스의 민주적 양육방법과 엘리스Ellis의 인지주의 심리학, 고든의 의사소통 기법 등을 활용하여 폽킨Popkin이 만든 부모교육 프로그램이다. 이 프로그램은 부모가 자녀를 인격적으로 존중하되, 가정의 리더로서 부모가 주도권과 권위를 가지고 자녀가 그들이 살고 있는 사회에서 생존하고 번영할 수 있도록 자질과 품성을 기르도록 양육해야 한다고 본다. 이 프로그램의 주요 내용을 인용하면 다음과 같다.

1회기 적극적 부모란 무엇인가?

부모역할: 가장 중요한 직업 / 부모역할의 목적 / 평등한 사회 / 평등과 개성 / 평등 사회 안에서의 권위의 역할 / 보상과 처벌의 오류 / 어떠한 아이로 키우고 싶은가? / 선택의 방법 / 가족 화목 활동: 재미있는 시간 갖기

2회기 용기와 자기존중감 불어넣기

용기-가슴으로부터 오는 것 / 자기존중감-머리로부터 오는 것 / 생각하기-느끼기-행동하기로 / 실패회로 / 부모는 무엇을 할 수 있는가? / 기를 꺾지 말라 / 기를 꺾지 말고 그 대신에 격려하자 / 가족 화목 활동: 격려의 편지

3회기 자녀의 행동 이해하기

아동의 발달 과정 / 성격의 '형성 요인'의 탐구 / 가족 구도표 / 행동을 이해하기 / 자녀에게 길러주어야 할 네 가지 행동 목적 / 네 가지 목적에 대한 긍정적·부정적 접근 방식

4회기 자녀의 행동 이해하기

자녀의 목적을 알아내는 방법 / 부모-자녀 간의 회로 / 부모역할과 분노 / 자녀가 분노를 처리하도록 돕는 방식 / 가족 화목 활동: 기술을 가르치기

5회기 책임감 발전시키기 I

책임감 / 자유와 그 한계 / 문제를 다루는 모형 / 누가 문제를 소유하는가? / 문제를 예방하기 / 효율적인 자녀지도 / 정중한 요청 / 나 전달법 / 나 전달법의 변형

6회기 책임감 발전시키기 II

자연적 결과와 논리적 결과 / 자연적 결과 / 자연적 결과가 교훈을 줄 수 없을 때 / 논리적 결과를 사용하는 요령 / 상호적인 존경 / 가족 화목 활동: 긍정적 나 전달법

7회기 협동심 구하기

의사소통: 협동의 지름길 / 문제를 다루는 모형 / 의사소통의 걸림돌을 피하기 / 혼합 메시지의 전달 / 적극적인 의사소통 / 감정을 나타내는 단어들 / 적극적인 의사소통이 실천 / 가족 화목 활동: 취침 전 습관과 '사랑한다'는 말

8회기 민주사회에서의 적극적 부모

민주주의의 원칙 / 언론의 자유 / 가족모임을 유지하기 위한 4가지 근거 / 가족모임을 어떻게 시작할 것인가? / 가족 대화 / 문제해결을 위한 토론 / 문제해결식 토론을 진행하는 기본 원칙 / 집단에서의 문제를 다루는 방법 / 가족회의 / 지도자역할 / 전반적 진행 순서 / 새로운 안건 / 유능한 사회자가 되는 방법 / 유능한 서기가 되는 방법 / 가족 화목 활동: 가족회의 하기

자료: 왕경수·권선이·한금옥(2010), 장성애·유연옥(2008).

◉ 교류분석 부모교육(TAPE)

미국의 정신의학자 에릭 번Eric Berne은 내담자가 갖는 자아상태를 바탕으로 의사소통의 교류가 어떻게 이루어지는가를 탐색하여 조력하는 교류분석을 창시하였다. TAPE(Transactional Analysis and Parent Education)의 기본 가설은 인간이 3가지 분리된 자아상태, 즉 부모, 성인, 아동 자아상태를 가지고 있으며, 상황에 따른 적절한 자아상태를 스스로 의식적으로 통제할 수 있다는 것이다. 교류분석 부모교육의 내용을 간략히 소개하면 다음과 같다.

1회기 진행자와 참여자 간 신뢰감 형성하기, 프로그램 소개 및 계약, 자아상태 점검하기(프로그램 소개 및 서약서 작성, 강의-부모자녀관계의 중요성, 별칭 짓기와 자기소개와 참여동기, 에고그램 검사, 첫 모임에 대한 느낌과 기대 발표하기)

2회기 자신의 성격 이해하고 개선방법 찾기(노래-내 마음에 사랑이, 강의-자아상태의 작용과 갈등, 에고 그램을 통해 본 나의 모습은, 성격분석과 개선의 실천 방법, 마무리-소감 나누기)

3회기 대화 패턴 알기, 인생태도 분석하기(강의-의사교류양식의 종류와 이해, 나의 인생태도 분석, 어머니와 아버지를 위한 시, 나는 어떻게 대화하고 있는가, 마무리-소감 나누기)

4회기 자녀의 심리적 허기와 쓰다듬기 분석하기(노래-당신은 사랑받기 위해 태어난 사람, 강의-스트로크(긍정적, 부정적), 스트로크 연습문제 및 스트로크 분석, 자녀가 원하는 스트로크 탐색하기, 마무리-소감 나누기)

5회기 의사소통의 걸림돌 알기, 자녀와의 게임 장면 바라보고 벗어나기(퀴즈게임-자녀에게 자주 하는 말, 강의-어머니와 자녀의 게임 역동 이해, 나누기-의사소통 걸림돌 점검 및 발표, 게임 장면에서 벗어나기, 마무리-소감문 작성 및 나누기)

6회기 시간 사용의 패턴 알기, 삶을 구조화하기(강의-인생 또는 매일의 시간 사용, 시간 사용의 구조화 분류하기-폐쇄, 의식, 활동, 잡담, 게임, 친교, 시간의 구조화 욕구와 삶의 의욕과 관계, 나누기-소감문 작성)

7회기 인생각본 돌아보기, 자기와 긍정적 대화하기(노래-인생은 미완성, 나의 인생 드라마 되돌아보기, 성공적 삶을 위한 자기와의 대화(촛불 의식), 마무리-소감 나누기)

8회기 인생 재결단하기, 전체 프로그램 평가, 서로에게 힘 실어주기(강의-재결단 과정, 재결단 작업과 새로운 인생 설계, 소감문 작성, 마무리-느낌 발표 및 피드백 주고받기)

자료: 박수복(2011), 손수향·배근택·이영호(2007).

2 평생교육과 학부모교육

1) 평생교육과 부모역할의 변화

현재 우리 사회는 정보와 지식의 유통과 사용, 관리가 사회·경제뿐 아니라 일상생활의 가장 중심부를 차지하는 이른바 '정보화시대'이다. 정보화시대에는 다양한 정보를 여러 경로를 통해서 얻을 수 있으므로 편리한 점도 많지만 혼란도 뒤따른다. 급속한 기술 발달에 적응해야 하며, 수시로 바뀌는 정보의 진위를 판단할 수 있는 능력을 가져야 하는 등 편리함 만큼의 어려움이 공존하는 것이 사실이다.

정현주·김은홍(2013)에 따르면, 동시에 어디에나 존재한다는 의미의 '유비쿼터스'를 가능하게 하는 최첨단 IT기기의 발달로 '스마트사회'가 도래할 것이다. 이러한 상황에서 학습은 진화된 정보기기를 활용하여 효율성을 도모하는 새로운 학습체제의 등장을 예고한다.

1960년 이후 평생교육의 개념이 등장한 것은 급속한 사회환경 변화에 대응하기 위해서이다. 학교교육 중심의 교육만으로는 한계가 있어 평생에 걸친 지속적인 자기 성장이나 발전이 불가피해졌기 때문이다. 평생교육의 개념 정립에 공이 큰 데이브 (Dave, 1973)에 따르면, 평생교육이란 전 생애에 걸쳐 개인과 집단 모두가 삶의 질을 높이기 위하여 개인적·사회적·직업적 발달을 성취하는 과정이다. 여기에서 평생교육이란 생의 각 단계와 영역에서 가능한 최고도의 발달을 실현할 수 있도록 자신을 계몽하는 것이다. 전략적인 면에서 평생교육이란 종으로는 요람에서 무덤까지의 수직적 통합과, 횡으로는 형식교육에서 무형식 교육에 이르기까지의 수평적 통합을 특징으로 하는 통합지향교육이다(박철홍 외, 2013에서 재인용).

즉, 평생교육은 삶의 질 향상의 이념 실현을 위하여 요람에서 무덤에 이르기까지 교육의 수직적 통합과 가정교육, 사회교육, 학교교육의 수평적 통합을 통한 학습 사회를 건설함으로써 최대한의 자아실현과 사회 발전 능력의 함양을 목적(김종서·김신일·한숭희·강대중, 2009)으로 하는 교육의 체제 혹은 방식이다.

평생교육에 대한 정의는 학자마다 조금씩 차이가 있으나, 대체로 '한 개인의 출생부터 죽을 때까지 생애에 걸친 교육(수직적 차원)과 개인 및 사회전체의 교육(수평적

> **평생교육** ‖ 삶의 질 향상의 이념 실현을 위하여 요람에서 무덤에 이르기까지 교육의 수직적 통합과 가정교육, 사회교육, 학교교육의 수평적 통합을 통한 학습 사회를 건설함으로써 최대한의 자아실현과 사회 발전 능력의 함양을 목적으로 하는 교육의 체제 혹은 방식

차원)의 통합', '개인의 평생을 통해 개인과 집단 모두의 생활의 질을 향상시키기 위한 개인적·사회적·직업적 발달을 성취시키는 과정' 등으로 정의할 수 있으며 생활, 자아실현, 사회발전의 개념이 강조된다.

평생교육은 학습자의 자기주도성과 국가와 사회의 제도적 뒷받침이 중요하다. 제도적 차원의 평생교육은 평생교육법의 내용을 통하여 명시적으로 살펴볼 수 있다. 2007년 개정된 평생교육법 제2조에 따르면 평생교육은 "학교의 정규 교육과정을 제외한 학력보완교육, 성인 기초·문자해득교육, 직업능력 향상교육, 인문교양교육, 문화예술교육, 시민참여교육 등을 포함하는 모든 형태의 조직적인 교육활동"이다(국가법령정보센터). 이 내용에서 우리는 평생교육이 학교의 정규교육과정 이외의 교육활동에 해당한다는 것을 알 수 있다. 평생교육의 특성은 학자들마다 약간의 견해 차이가 있지만, 김종서 등(2009)이 정리한 평생교육의 특성을 간략히 제시하면 다음과 같다.

- 평생교육은 개인 차원 및 사회 공동체 차원에서 삶의 질을 높이는 것을 목적으로 한다.
- 평생교육은 요람에서 무덤에 이르기까지 한 개인의 생존 기간 전체에 걸쳐 이루어지는 교육을 수직적으로 통합한 것이다.
- 평생교육은 모든 기관(학교, 직장, 대중매체, 도서관, 자원단체 등)과 모든 장소(학교, 가정, 사회, 직장 등)에서 이루어지는 교육을 수평적으로 통합한 것이다.
- 평생교육은 계획적인 학습과 우발적인 학습을 모두 포함한다.
- 평생교육은 국민 전체의 평생에 걸친 교육기회의 균등화 및 확대에 노력한다.
- 평생교육은 발달과업의 학습을 중시한다.
- 평생교육은 일반교양교육과 전문교육이 조화와 균형을 이루도록 노력한다.
- 평생교육은 학교가 교육을 독점하는 것을 인정하지 않으며, 학교교육이 지니는 의미를 평생교육의 관점에서 찾으려 한다.
- 평생교육은 사회를 교육적인 환경으로 만들기 위해 노력한다.
- 평생교육은 교육의 형태, 내용, 방법을 다양화하고 융통성을 부여함으로써 개인 및 사회의 필요에 대처하는 동시에 누구나 교육에 쉽게 접근할 수 있게 한다.

평생교육이 강조되는 시대적 요청에 따라 교육부(2013)는 '국민의 행복 실현이 곧 국가 발전을 좌우하는 요인으로 작용한다.'는 인식 아래 국가차원에서의 평생학습의 활성화 방안을 제시한 바 있다.

지식과 경제의 기반이 지식에서 창조로 이동하는 창조경제 시대에 진입한 현시점에서 국가는 평생학습이 개인의 행복과 사회 번영을 이끄는 핵심적 요소가 됨을 인식하고, 좀 더 유연한 평생학습 기반 구축에 적극적으로 임해야 한다는 관점에서 평생교육 정책을 마련하고 있다.

이러한 평생교육의 관점에서 볼 때, 부모 혹은 학부모의 역할은 사회변화에 따라 혹은 자녀의 발달단계에 따라 끊임없이 교육되어야 하는 중요한 내용이다. 예전 대부분의 사회에서는 부모역할이란 자연스럽게 습득되는 것이며, 여성은 생물학적으로 자녀양육을 위한 유전적 성향을 타고 난다고 믿었다. 또한 부모들이 '양육을 어떻게 하는가'에 대해 당연히 안다고 가정하였다. 그러나 사회의 변화에 따라 가족의 양육 환경이 변화하면서 더 나은 부모역할을 위한 정보의 필요성이 증가(Powell & Cassidy, 2001)하고 있다.

더욱이 여성의 취업 증가로 인한 맞벌이가족의 증가뿐 아니라 한부모가족, 다문화가족, 미혼모가족 등 다양한 유형의 가족형태가 등장하는 현 사회의 흐름은 평생교육으로서의 부모교육의 요구를 증폭시킬 것으로 보인다.

현대사회의 변화와 부모의 역할에 관하여 정현숙(2007: 248)은 다음과 같이 말했다. "맞벌이가족의 경우 가족의 경제적 지원이 증가하지만 상대적으로 자녀와 시간을 보낼 기회는 감소된다. 기술의 진보는 가족원의 고립을 가중시키며, 자녀들은 컴퓨터와 보내는 시간이 증가하고 밖에서 더 많은 시간을 보내게 된다. 부모들은 외부의 도움을 더욱 필요로 하게 되고 부모교육의 영역은 더욱 다양해질 것이다."

요컨대, 사회의 변화에 따라 부모의 역할에도 여러 가지 급격한 변화가 나타나고 있다. 다양한 측면의 사회의 변화를 고려하였을 때, 표 2-2와 같은 부모역할의 변화를 예상할 수 있을 것이다.

표 2-2 사회변화에 따른 부모역할 변화

사회변화	부모역할 변화
도시화, 고층아파트, 다가구주택 증가	• 이웃과 단절·고립된 주거환경에서 긴장과 불안을 극복한다. • 자녀에게 자연을 접할 기회를 주고, 안전한 놀이공간에서 놀 수 있도록 해준다. • 위아래 혹은 양옆으로 근접한 주거환경에서 나타날 수 있는 이웃 간 갈등을 관리하고 의사소통 과정에서 모범을 보인다.
가족구조의 변화 (핵가족화·소가족화)	• 부모 외에 다른 역할모델이 존재하지 않다는 것을 인식하고 적절한 생활습관 등 본보기를 보인다. 그렇게 하지 않으면 자녀가 나쁜 습관을 그대로 따라 할 수 있다. • 자녀가 가족의 중심이 되는 핵가족구조의 민주적·수평적 형태를 이해하고 발전시킨다. • 형제자매 등 동기간에 자연스럽게 익히는 배려나 인내심을 별도로 가르친다.
한부모가족· 재혼가족 증가	• 한부모가족 부모는 자녀양육이나 부모역할을 수행할 때 어머니와 아버지의 역할을 모두 한다. • 재혼가족 부모의 경우, 각자가 갖고 있는 자녀양육에 대한 신념과 방법의 차이를 인정하고 다른 부모, 형제와의 불화나 갈등으로 인한 스트레스를 해결한다.
어머니의 사회 참여 증가	• 어머니들이 가정 밖에서 보내는 시간이 많아짐에 따라 자녀양육을 대행할 인적자원을 확보한다. • 가사노동과 자녀양육에 아버지를 참여시키고, 자녀가 양성평등에 대한 올바른 인식을 갖도록 지도한다.
아버지의 양육 참여 증가	• 어머니가 자녀양육을 전적으로 책임지기 어려우므로, 아버지가 양육에 참여하여 다양한 역할 방식에 적응한다. • 어머니와 아버지 간 양육 방식의 차이를 인정하고, 의견을 조정하면서 발생하는 갈등을 관리하여 자녀에게 일관된 교육방식을 적용한다.
대중매체 증가	• 텔레비전, 컴퓨터, 스마트폰 등이 주요 놀이매체를 이해하고 자녀가 각종 매체를 최선의 방법으로 사용할 수 있게 한다.
자녀양육비 증가	• 부모가 자녀에게 사회에서 필요로 하는 가치관, 기술, 지식 등을 전수하던 전통적인 사회가 아님을 인식하고 새로운 양육방식을 도입한다. • 부모의 부재를 대신할 만한 양질의 교육 콘텐츠를 선택한다. • 자녀의 특성을 반영하여 교육할 수 있도록 각종 정보를 민감하게 받아들인다.
가족 스트레스 증가	• 사회가 복잡해짐에 따라 부모와 자녀의 스트레스가 증가하고 이에 대한 심리적 갈등이 유발되기 쉬우므로 이에 따른 어려움에 대비한다. • 현대의 가정은 각자 특성을 지닌 개인이 매일 모여 생활하는 장소라는 것을 인식하고 구성원의 개성과 관심을 존중한다. • 가족 간 의사소통을 원활히 할 수 있도록 적절한 대화법이나 심리적 특성을 이해한다.

자료: 최인숙(2006)의 틀을 활용하여 내용 추가·보완.

한편, 강선경(2011)은 현재 우리 사회가 소통의 문제로 많은 어려움을 겪고 있으며, 이러한 문제가 인간관계의 기초단위인 가족 내 의사소통 기술 습득의 부족에서 기인하는 것으로 보고 있다. 가족 내 의사소통 문제는 학부모교육에서 다루어야 할 핵심 과제라 할 수 있다.

2) 평생교육기관의 부모교육 프로그램

우리 사회가 '열린교육사회', '평생학습사회'를 표방하고 교육개혁에 착수한 지 15년이 넘었고, 그동안 평생교육 분야는 발전을 거듭하여 왔다.

국가평생교육진흥원은 2007년부터 2010년까지 3년에 걸쳐 지역과 함께하는 학교 사업을 추진해오고 있다. 이는 단순히 학교 개방을 넘어서서 지역사회와 연계된 학교 중심의 평생교육 활성화를 도모하며, 학교에 대한 학부모 및 지역주민의 관심을 제고하고, 지역사회공동체를 형성하는 것을 사업의 목적으로 한다(국가평생교육진흥원·한국교육개발원, 2010).

현재 국가평생교육진흥원을 비롯한 몇몇 민간단체들은 지역사회의 학교와 더불어 사업을 추진하면서 지역사회 혹은 평생교육 프로그램의 일환으로 부모교육을 실시하고 있다. 평생교육이면서 부모교육인 예로는 국가평생교육진흥원과 지역사회교육협의회 등에서 시행하는 부모교육 프로그램을 들 수 있다.

먼저, 국가평생교육진흥원 산하 전국학부모지원센터의 사례를 살펴보자. 이 기관에서는 자녀교육에 어려움을 겪는 부모를 위해 《행복한 자녀교육 길라잡이》(2013)를 제작하고 홍보 및 배포하여 행복한 자녀교육을 위한 부모교육에 힘쓰고 있다. 내용을 살펴보면 자녀의 교육을 위한 부모의 교육이 주를 이루고 있으며 자녀와의 대화법, 인성교육, 교육방법, 몸과 마음이 건강한 자녀로 기르기 위한 교육, 진학 및 진로지도 교육, 여러 가지 교육정책과 제도에 대하여 소개하고 있다.

내용을 살펴보면 부모로서 자녀양육에 대해 알아야 할 정보, 공교육의 정책적 방향, 부모의 관심과 참여를 유도할 만한 정보로 구성되어 있다. 그림 2-2는 국가평생교육진흥원에서 실행하는 부모교육의 내용을 구현한 《행복한 자녀교육 길라잡이》의 홍보 웹툰과 목차이다.

그림 2-2 《행복한 자녀교육 길라잡이》 홍보 웹툰과 목차

자료: 국가평생교육진흥원·교육과학기술부(2013). 대한민국 돋보기, 한눈에 보는 대한민국.

그 밖에도 한국지역사회교육협의회의 부모교육 프로그램이 있다. 한국지역사회교육협의회는 1969년에 설립되어 현재 전국 31개 지부를 두고 지역사회에 기반한 평생교육운동을 펼쳐나가는 비영리 민간단체로, 지역사회 교육에 관한 조사연구 및 지역사회교육 전문가를 양성하고 교육공동체 형성을 위해 청소년, 부모, 지역주민을 대상으로 다양한 프로그램을 개발·보급하고 있다(http://kace.or.kr/p01_02).

이 협의회는 현재 부모교육종합센터를 부설기구로 두고, 1990년부터 '건강한 청소년 육성을 위한 건강한 가정 만들기'란 기치 하에 바람직한 부모역할의 중요성을 강조하고 부모교육 프로그램을 적극 실행하였다. 또한 지식의 습득보다는 부모의 의식과 태도 변화에 도움을 주어야 한다는 관점에서 일회성 강좌보다는 지속적인 프로그램을 개발, 1993년부터 '부모에게 약이 되는 프로그램' 시리즈를 보급하였다.

이들은 LPT(Level up Parenting Training)라는 다양한 영역의 부모교육 프로그램을, 중앙협의회를 포함한 전국의 32개의 협의회에서 학교 또는 지자체, 지역기관과의 유기적 관계 속에서 활발하게 진행하고 있다. 또한 학부모교육의 일환으로 학부모 전문 자원봉사자 양성을 위한 예절명예교사교육 및 사서명예교사교육을 함께 진행하고 있으며, 학부모교육의 활성화를 위해 부모교육지도자 과정을 주요 학부모교육 사업으로 추진하고 있다(국가평생교육진흥원·한국교육개발원, 2010).

표 2-3 한국지역사회교육협의회 LPT 부모교육 프로그램

단계	주제	목표	프로그램	교육과정
1	좋은 부모 입문하기	학생학습자로서의 부모역할 인식, 부모교육의 필요성 인식	좋은 부모학교	8회 과정 / 16시간
			부모의 길 체인지(體認知)	6회 과정 / 18시간
			좋은 아버지교실	5회 과정 / 15시간
			직장인을 위한 좋은 부모학교	4회 과정 / 8시간
			행복 예감 예비부부학교	5회 과정 / 15시간
2	자녀양육자로서 태도 익히기	자녀교육의 가치관 정립 및 의식변화	바른 교육관 갖기	5회 과정 / 15시간
			부모-자녀의 행복을 찾는 교육	5회 과정 / 15시간
			부모-자녀 간의 대화법 I	6회 과정 / 18시간
			부모-자녀 간의 대화법 II	6회 과정 / 18시간
			부모의 양성평등 의식교육	5회 과정 / 15시간
			생활예절지도	8회 과정 / 24시간
3	자녀양육자로서 기술 익히기	구체적 자녀양육 지식습득	자녀의 진로지도	5회 과정 / 15시간
			자녀의 학습 도와주기	5회 과정 / 15시간
			자녀의 성교육지도	5회 과정 / 15시간
			자녀의 감성능력 키우기	5회 과정 / 15시간
			바른 삶을 도와주는 독서와 글쓰기지도	8회 과정 / 24시간
4	나와 가족의 특성 이해하기	성격유형 알기, 유형에 따른 가족 이해	MBTI	4회 과정 / 12시간
			애니어그램	10회 과정 / 30시간
5	셀프리더로서의 부모되기	가족과 자녀의 역동 이해, 리더십 배양	건강한 가정을 만드는 자기혁신 프로젝트	10회 과정 / 30시간
			성공하는 부모들의 7가지 습관	10회 과정 / 30시간
6	코치리더로서의 부모되기	학부모 의식과 역할, 코치로서의 부모역할	학교교육과 학부모역할	2회 과정 / 6시간
			부모코칭 리더십	6회 과정 / 18시간
7	소중한 가족 함께 성장하기	가족활동을 통한 공동체 의식함양	부부가 함께하는 대화법	5회 과정 / 15시간
			부부 워크숍	1일, 1박2일
			가족캠프	1일, 1박2일
			좋은 부모대회	1회(4시간)
			자녀 함께 키우기 모임	매주 또는 격주

자료: 한국지역사회교육협의회(http://www.kace.or.kr).

3 학부모참여와 학부모교육

1) 학부모역할의 확장

한국사회에서 부모는 자녀교육을 처음부터 끝까지 전적으로 책임지며, 그 과정에서 교육은 지위분배와 신분상승을 위한 사회적 경쟁의 수단으로 인식되어 왔다. 우리 사회는 사회적 지위를 결정하는 데 학력의 상징적 힘이 상대적으로 크게 작용하기 때문에 '학력신분사회(김용숙, 1986)'나 '상징적 학력사회(이종각, 2004)'라고 표현되기도 한다. 그러다 보니 교육은 높은 학력을 보장할 만한 대학입학을 위한 준비가 되고, 치열한 경쟁 속에서 대학입시를 준비하는 기간이 장기화되었다.

이러한 경향은 부모역할에도 반영된다. 한국의 부모들은 학부모 즉, 학생 부모로서의 역할이 부모역할의 전부라고 생각하는 경향이 있다. 즉, 자녀가 보다 좋은 교육환경에서 보다 질 좋은 교육을 받을 수 있도록 학교교육뿐만 아니라 다양한 교육환경을 제공하는 것이 학부모가 수행해야 할 역할이라고 생각한다(한국교육개발원, 2007).

또한 부모들은 자녀의 역할이 학업에 충실한 학생이 되는 것이라고 생각하는 경향이 있다. 그림 2-2에 나타난 것처럼, 부모가 생각하는 가장 감동적인 효도는 '학업에 충실한 것'이다. 이러한 대답은 자녀가 부모에게 순종하거나 부모를 아끼는 것보다 좀 더 높은 비율을 나타내고 있다.

가정교육보다 입시교육에 더 많은 관심을 기울이고 집중하는 것은 자녀, 가정, 학교교육 모두의 건강한 발전을 가로막는 장애물이 될 수 있다. 부모의 역할은 자녀의 학업을 지원하는 것뿐 아니라 건강하고 균형 있는 인성을 갖춘 시민으로 성장하도록 교육하는 것이다. 가정은 생활습관에 대한 교육, 인간관계에 대한 교육, 도덕성 교육 등 넓은 의미에서의 교육이 시작되는 곳이며, 부모와의 개방된 의사소통과 지지적 상호작용을 통해 자존감과 타인에 대한 신뢰를 증진시키는 곳이다. 요컨대, 이러한 근본적인 가정교육에 관심을 기울이고 이에 대처할 수 있는 학부모로서의 역량을 갖추는 것이 부모의 의무이다.

아동·청소년이 건강한 인성을 함양하고 발달시키기 위해서는 가정과 학교 사이에 강력한 협력이 필요하다. 미국의 인격교육학자인 리코나(Lickona, 2004)에 따르면, 가

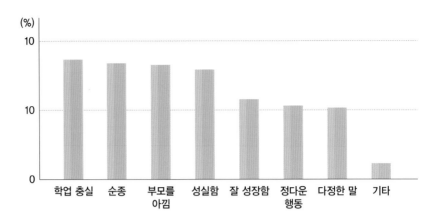

그림 2-3 부모가 지각한 가장 감동적인 효도

자료: 박영신(2012). 한국인의 부모자녀관계: 청소년의 학업과 행복에 대한 영향.

서울대 학부모정책연구센터 제1회 학술대회 자료집.

정은 아동·청소년의 인성에 가장 중요한 영향을 미치며, 학교는 가정에서 일차적으로 학습된 도덕적 가치(직업윤리, 존경, 책임, 정직 등)를 강화하는 역할을 한다. 즉, 아동·청소년의 발달에는 가정과 학교 모두 상호보완적 책임을 가진다는 점이 중요하다.

예를 들어, 올바른 일상의 국어 사용에 대하여 아무리 학교에서 반복하고 강조한다 할지라도, 가정에서 가족 간 대화가 이와 어긋나는 형태로 진행된다면 그 교육적 효과는 반감될 것이다. 자녀들이 올바른 대화법을 알고 사용하기를 원한다면, 먼저 가족구성원이 서로의 말에 귀 기울이며, 공감의 태도로 대화해야 한다. 진실된 대화의 경험이 토대가 되어야 학교에서 학생을 교육하는 것이 가능해지기 때문이다.

교육에 기여하는 한 주체로서의 역할을 반영한다면, 학부모는 교육 주체의 한 구성원으로서 자녀가 바른 인성을 가지고 건강하게 성장하도록 교육할 권리와 책임을 갖는다. 이러한 내용을 교육기본법에서는 다음과 같이 명시하고 있다. "부모 등 보호자는 그들이 보호하는 자녀 또는 아동이 바른 인성을 가지고 건강하게 성장하도록 교육할 권리와 책임을 가진다(제1항). 학부모는 보호하는 자녀 또는 아동의 교육에 관하여 학교에 의견을 제시할 수 있으며, 학교는 이를 존중하여야 한다(제13조 제2항). 학교운영의 자율성은 존중되며 교직원·학생·학부모 및 지역주민 등은 법령이 정하는 바에 의하여 학교운영에 참여할 수 있다(제5조 제2항)."

최근 정부의 학부모지원정책이 확대되면서 학부모의 권리뿐 아니라 의무도 강조되고 있는 추세이며, 이에 따른 학부모역할에 대한 논의도 찾아볼 수 있다. 교육부와 전국학부모지원센터에서 개발·배포한 〈학부모교육 업무 매뉴얼〉(2013)에서는 다음과 같이 학부모교육과정의 구성방향을 제시하고 있는데, 이는 곧 자녀교육에 대한 학부모의 역할과 책임에 관한 사항을 목표로 진술한 것이다.

기존의 학부모역할이 부모로서의 양육에 초점을 두고 자녀의 교육적 성공을 우선시하는 입장이었다면, 미래의 학부모역할은 자녀를 양육하는 것뿐만 아니라 공동체에 대한 기여와 협력, 교육 제도나 정책에 대한 참여를 포함한다.

> **학부모역할** ‖ 자녀 양육에 대한 책임과 더불어 학교(교사)와의 소통을 통해 자녀의 학교생활을 올바로 이해하고 교육활동에 협력하여 교육공동체의 발전에 기여하는 것

- 학부모는 자녀를 생명의 존엄성을 지닌 독립된 인격체로 대우해야 한다. 학부모에게는 자녀를 유기·방임·학대할 권리가 없으며, 자녀를 안전하게 보호하고 올바르게 교육할 책임이 있다.

- 학부모는 내 아이를 다른 아이들과 경쟁하여 이기는 존재가 아니라, 다른 아이들과 협력하여 공동선을 이루는 존재로 양육하는 데 기여하여야 한다.

- 학부모는 평생학습자로서 배움의 기회를 가짐으로써 자녀의 역할 모범이 되고 전인적 성장을 도우며, 학교교육과 교육공동체에 건강한 기여를 하여야 한다.

- 학부모는 개인과 집단으로 자녀와 그 친구들이 건강한 상호작용을 할 수 있도록 환경을 조성하고, 이따금 빚어낼 수 있는 청소년의 병리적 현상과 행동들을 예방·진단하고 이에 대처할 수 있어야 한다.

- 학부모는 교육 제도나 정책이 건전하게 형성되고 집행될 수 있도록 모니터링하고 코칭할 수 있어야 한다.

자료: 국가평생교육진흥원 전국학부모지원센터·교육부(2013), 학부모교육 업무 매뉴얼.

앞으로 우리 사회의 학부모는, 부모로서 자녀양육을 책임질 뿐만 아니라 자녀가 변화하는 미래 사회를 살아가는 데 필요한 역량을 갖추도록 학교(교사)와의 소통을 해야 한다. 또한 자녀의 학교생활을 올바로 이해하고 교육활동에 협력하여 교육공동체의 바람직한 발전에 기여하는 교육의 한 주체로서의 역할을 담당해야 할 것이다.

2) 학부모참여의 개념과 의의

학부모참여parent engagement와 관련된 선행연구를 고찰하면 학부모참여를 학부모의 '자녀교육 관여(신혜진, 2011)', '자녀교육 지원활동(심미옥, 2003)', '부모의 교육적 관여(변수용·김경근, 2008)' 등 연구자마다 각기 다른 용어로 지칭하고 있다. 이에 해당되는 구체적인 활동 내용 역시 매우 다양한 유형과 층위를 포괄한다.

이순형(1992)의 정의에 따르면 학부모참여란, 학교운영의 제반과정에 학부모들을 끌어들여 자녀교육에 대한 그들의 권리와 책임을 다하게 하는 교육과정이다. 콜(Cole, 2007)은 학부모참여를 학생의 성취와 발달을 돕기 위해서 학교활동에 가정이 협력적인 관계로 참여하는 것으로 정의하였다. 이계영(2010)은 학부모참여를 "학부모가 보다 효과적인 학교교육을 위해 학교교육활동의 동반자로서 상호 유대를 이루며 학교와 의사소통을 하면서 협력, 지원, 자문, 조언하고 나아가 학교의 중요한 의사결정에 영향을 미칠 의도로 직간접적으로 관여하는 것"으로 보았다.

한편, 서현석·최인숙(2012)의 연구에서는 '학부모참여'를 학부모가 좀 더 효과적인 학교교육을 위하여 학교교육활동의 동반자로서 상호 유대를 이루며 학교와 의사소통을 하면서 협력, 지원, 자문, 조언하고 나아가 학교의 중요한 의사결정에 영향을 미칠 의도로 직간접적으로 관여하는 것을 의미한다고 하였다. 학부모의 학교참여나 학교운영 참여를 이렇게 규정하는 것은 학교장만이 전권을 가지고 학교를 운영하도록 할 것이 아니라 학교 구성원들, 즉 교사와 학생, 그리고 학부모들이 학교운영에 관한 의사결정 과정에 적극 참여하도록 함으로써 민주적인 학교운영이 되도록 하겠다는 취지(허종렬, 2005)라 보는 시각도 있다.

한편, 학부모참여는 학부모들의 참여의도와 적극성, 목적에 따라 참여participation와 개입involvement으로 구분하기도 한다(Henderson, Marburger & Oomos, 1986; Pourtois & Desmet, 2000). 전자가 교육공동체 일원으로서의 자발성을 전제로 하는 개념임에 반해 후자는 공동체의 일원으로서가 아니라 자신의 의지와 상관없이 자녀들을 위해 수동적으로 개입하는 것을 의미한다. 즉, 참여가 학부모들이 교육주체로서의 역할을 강조한 개념이라면 개입은 자녀교육활동에 대한 보조자로서의 역할을 강조한 것이라 할 수 있다(이민경, 2009 재인용).

2011년 호주 가정-학교 협력 협회(호주 학부모협의회 및 각 주별 학교단체 연합체)가 발행한 보고서 〈Family-School & Community Partnerships Bureau〉에서는 학부모의 자녀교육 참여를 '학부모가 가정, 지역 사회 및 학교에 다양한 방법으로 자녀의 교육에 기여하는 것'으로 정의하고 학부모참여parent engagement와 학부모관여parent involvement를 구분하여 설명하고 있다. 즉, 학부모의 참여는 학교교육에 참가할 때의 지속성과 활동성 면에서 학부모관여와 질적으로 차이가 있다.

요컨대, 학부모 학교참여는 자녀의 교육을 지원하기 위해 학부모로서의 권리와 책임을 행하는 일체의 교육 참여 활동을 의미하며, 학부모가 학교교육에 참가할 때의 지속성과 활동성 면에서 학부모관여와는 질적으로 차이가 있다. 학부모 학교참여는 학교와 가정 그리고 지역사회의 연계가 매우 강조되는데, 여기서 가정-학교 간의 협력이란 학교와 가족이 목적을 공유하고 상호 존중하며 지지하는 것을 뜻한다. 학교의 교육활동에 학교와 학부모가 협력적 관계를 유지하는 것이 중요한 이유는, 부모가 자녀의 교육에 대한 중요한 정보를 가지고 있으며, 자녀의 요구를 가장 잘 들어줄 수 있는 지식과 경험을 가지고 있기 때문이다(Cole, 2007).

학부모참여는 학생의 학업성취의 향상(Van Voorhis, 2001), 바람직한 태도, 학교 출석률, 학교 중도탈락률(Bailli et al., 1998; Epstein & Salinas, 2004; Patton et al., 2001; Sinclair & Christenson, 1992), 학교 졸업률, 자아존중감, 동기, 학교에 대한 태도, 교사에 대한 부모의 만족감(Green & Tichenor, 2003) 등에 긍정적인 영향을 주는 것으로 보고된 바 있다. 학부모참여는 교실 붕괴, 학교 폭력 등으로 위기에 처한 공교육을 보완할 수 있을 뿐 아니라, 이를 통하여 교육 불평등을 완화시킬 수 있다는 기대감으로 국내 교육 연구자들에게도 관심을 받고 있다. 그러나 현실적으로는 사회·경제적 지위가 낮은 부모들이 가정 내 인적·물적 자원의 부족으로 인하여 자녀의 교육에 제대로 관여하지 못할 가능성이 높으므로 이를 보완할 수 있는 기제를 마련할 필요가 있다. 호주 가정-학교협력협회에서는 학부모가 가정에서 자녀의 교육에 참여하는 경우 자녀는 학교에서 더 잘할 수 있으며, 부모님이 학교에 관여하는 경우, 어린이들은 학교에서 자신의 잠재력을 뛰어넘을 수 있다고 보고한 바 있다(서울대학교 학부모정책연구센터, 2012).

선행 논의에서 살펴볼 수 있듯이, 학부모참여는 학업성취, 행동, 그리고 사회성의 측면에서 자녀교육 및 학교교육에 긍정적인 효과를 주는 것으로 잘 알려져 왔다. 앞으로 학부모가 학교교육에 참여해야 할 필요성과 당위성은 지속적으로 증대될 것이며, 진정한 교육자치의 실현과 단위학교의 민주적 운영을 위해서도 학부모의 학교교육 참여는 큰 의의를 지닌다.

3) 학부모교육의 특성과 내용

학부모참여의 필요성에 더하여 학교교육이 지니는 한계와 문제를 인식한 사회 전반의 분위기에 힘입어 2009년 교육과학기술부에서는 학부모를 지원하는 '학부모지원과'를 신설하였다. 2013년에는 교육부 공교육진흥과의 '학부모지원팀'이 관련 업무를 담당하고 있다. 이 팀에서는 교육의 주체 중 하나인 학부모의 역량을 강화하고자 학부모교육을 적극적으로 지원하고 있는데, 관련 내용을 간략히 살펴보면 다음과 같다.

학부모교육 및 교육정보제공 확대

① 추진 배경
학교폭력 예방, 진로지도 등 학부모들의 자녀교육에 대한 이해를 높일 수 있도록 모든 학부모를 대상으로 학부모교육 확대

② 주요 내용
- **교육기회 확대**: 교육청·학교단위로 찾아오는 학부모에 한정된 교육에서 벗어나 모든 학부를 대상으로 학부모교육 확대
  - 학교·교육청 이외에도 정부부처, 공공기관, 기업, 종교단체, 민간단체 등에 소속된 학부모들에 대한 학부모교육 지원
  - 오프라인 교육뿐만 아니라 눈, 학부모교육 포털(학부모지원센터) 등을 활용한 온라인 상시교육도 병행 실시
  - 학부모와 자녀가 함께하는 다양한 교육 프로그램 운영
- **교육자료 개발**: 학교폭력 예방 관련 학부모교육을 위해 리플릿, 동영상, ppt 등 다양한 형태의 학부모교육 자료 개발·보급
- **강사 DB 구축**: 유관기관과 협력하여 학부모교육 우수 강사풀을 DB로 구축('12. 3)·활용하여 학부모교육의 질 제고

자료: 교육과학기술부·경상남도교육청(2012). 학부모 지원 업무 담당자 워크숍 자료.

현재 우리나라의 학부모교육은 교육부의 학부모지원팀을 중심으로 각 시도교육청과 교육지원청 그리고 단위학교로 이어지는 조직적이고 체계적인 형태로 운영되고 있다. 학부모교육을 지원하는 대표적인 기관인 전국학부모지원센터는 교육부와 함께 〈학부모교육 업무매뉴얼 2013〉을 제작하여 학부모교육의 목적과 필요성을 알리고, 각 발달단계별로 구체적인 학부모교육 목표와 교육과정을 실행하기 위한 지침 등을 설명하고 있다. 그 내용에서 우리는 학부모교육의 목표와 내용을 명확하게 살펴볼 수 있다.

- 첫째, 학부모의 건전한 교육관 정립으로 바람직한 학부모상을 구현한다.
- 둘째, 학부모의 자녀교육역량 강화를 통해 심신이 건강한 자녀를 양육한다.
- 셋째, 자녀교육에 대한 다양한 정보제공을 통한 사교육비 경감과 학부모의 자발적 참여를 유도한다.
- 넷째, 자녀교육에 대한 참여 확대로 교육수요자 만족도를 제고한다.

또한 학부모교육이 필요한 이유로 학부모의 자녀교육에 대한 역할 정립, 사회 환경 변화에 따른 가정의 교육력 약화, 자녀교육에 대한 지나친 관심으로 사교육비 부담 증가 등을 들고 있다.

교육부와 전국학부모지원센터에서 제시하는 학부모교육의 과정과 내용은 취학전, 초등학교 저학년, 초등학교 고학년, 중학교, 고등학교의 5단계로 나누어져 있다. 그리고 각 자녀의 발달단계별 해당 학부모를 대상으로 하는 교육과정은 10개의 소영역별로 한 가지에서 3가지의 교육목표를 설정하고 이에 해당하는 교육내용을 기본과정과 심화과정으로 나누어 제시하고 있다.

한 예로 중학교 학부모교육과정의 내용을 간략히 살펴보면, 교육과정의 중영역으로 부모의 역량 강화, 가정의 교육력 강화, (자녀의) 특성 이해, 생활 습관 형성, 가족경험 공유, 청소년 문제 대처, 학교교육활동 이해, 교사와 협력, 교육 참여, 정책 이해 등 10항목을 설정하고 그 하위에 1~3개의 소영역을 설정하고 있다. 학부모교육의 내용을 개괄하기 위하여 중영역과 소영역의 내용을 살펴보면 다음과 같다.

표 2-4 발달단계별 학부모교육과정의 중영역과 소영역 항목(중학교)

중영역	소영역
부모의 역량 강화	학부모를 위한 교양, 건강 관련 강좌
	학부모의 대인 역량, 대화 역량 강화법
가정의 교육력 강화	건강한 부부관계 및 가정의 교육적 역할 증진법
	건강한 부모-자녀관계 형성과 행복 증진법
특성 이해	내 아이 건강 증진법
	내 아이 정서발달에 대한 이해
	내 아이 인지(뇌)발달에 대한 이해
생활습관 형성	내 아이에게 바른 생활습관 형성시키는 법
	내 아이에게 학습습관 형성시키는 법
가족 경험 공유	내 아이 문예체 체험활동은 어떻게
	내 아이 진로 · 직업 체험활동은 어떻게
	내 아이 봉사활동은 어떻게
청소년 문제 대처	학교 폭력 · 왕따를 제대로 예방하는 법
	청소년기 약물 중독 · 반사회행동에 미리 대처하는 법
	내 아이 디지털기기 중독을 예방하려면
학교교육활동 이해	학교의 정규 교육활동에 대한 이해
	학교의 방과후 · 주말 · 방학 프로그램 활용법
교사와 협력	담임선생님과 내 아이 학교생활에 대해 효과적으로 의논하는 법
	문제 상황에 처한 아이에 대해 담임선생님과 협의하는 법
교육 참여	학부모의 교육 참여와 재능기부
정책 이해	교육제도 및 교육부 · 교육청의 교육정책에 대한 이해

자료: 국가평생교육진흥원 전국학부모지원센터 · 교육부(2013).

이상 앞에서 살펴본 학부모참여와 학부모교육에 관한 논의를 종합하여 학부모교육의 특성을 간략히 정리하면 다음과 같다.

● 첫째, 학부모교육은 일부 학부모가 아닌 모든 학생의 부모를 대상으로 한다. 특별히 자녀의 교육에 문제 상황을 맞이하게 되었거나, 학부모의 본인의 자발적인 신청에 의해서만 참여하는 것이 아니라 학교에 재학 중인 모든 학생의 부모를

대상으로 실시한다.

- 둘째, 학부모의 자녀교육에 대한 관심사뿐만이 아니라, 공교육에서 다루어야 할 공교육의 현안이나 실천의 문제를 다룬다. 자신의 자녀와 학부모인 본인과의 관계 개선이나 자녀의 생활 및 학습지도에 관한 내용만을 다루지 않으며, 국가적으로 문제가 되는 교육 현안이나 교육정책의 이해와 적용에 관련된 내용을 포함한다.

- 셋째, 학부모교육은 자녀의 성장과 발달단계에 맞춰 지속적으로 이루어진다. 현재 공식적인 학교교육으로 인정되는 유치원, 초등학교, 중등학교 등 자녀의 학교급에 따라 자녀의 발달단계별 특성에 맞는 교육의 내용을 다루며, 그에 부합하는 다양한 접근 방법도 포함한다.

- 넷째, 학부모교육은 가정과 학교 및 지역사회의 체계적인 협력을 바탕으로 이루어진다.

학부모교육은 개별 가정이나 단위학교만의 교육이 아니라 정부의 정책적 지원을 바탕으로 가정과 학교 그리고 지역사회의 긴밀한 협력이 강조된다. 이러한 협력에 기반하여 공교육의 발전과 자녀양육, 교육에 기여하는 효과적인 학부모교육이 이루어질 수 있다.

학부모교육의 구성

03

학부모교육의
구성

최근 학생교육에 있어 행복교육을 강조하듯(문용린·최인철, 2012) 학부모를 대상으로 한 '행복한 부모교육'에 대한 필요성이 제기되고 있다(진미정·이현아·서현석, 2012). 부모 스스로가 행복에 대한 근원적인 성찰과 함께 자아존중감과 내적 효능감을 갖춘 인격적인 존재로 거듭나고, 이것이 자녀교육의 선행조건이 될 때 부모와 자녀 모두 행복한 가정을 만들 수 있을 것이다.

이 장은 학부모교육을 실제 구성하기 위해 고려해야 할 요소와 요구, 그리고 다양한 학부모교육의 영역을 체계적으로 다룬다. 구체적으로 살펴보면 ① 학부모교육의 구성요소, ② 학부모교육의 구성방향, ③ 학부모교육의 구성체계의 3부분으로 되어 있다.

학부모교육의 구성요소에서는 학부모교육의 3요소와 그 관계를 파악한다. 또한 구성요소의 의미 변화를 통해 교육과정 구성의 목표와 내용이 어떻게 변화했는지 살펴본다. 학부모교육의 구성방향에서는 학부모교육에 대한 사회적 요구와 개인적 요구를 토대로 학부모교육을 구성할 때 어떤 지향점을 갖고 구성해야 하는지 그 방향을 도출한다. 학부모교육의 구성체계에서는 학부모교육의 영역체계와 영역별 구성에 대해 살펴본다. 또한 인간생태학적 관점과 가족발달 이론에 따라 학부모교육의 영역체계를 수립하고, 영역별 학부모교육의 목표와 내용을 간략히 소개한다.

1 학부모교육의 구성요소

1) 학부모교육의 3대 구성요소

본 장에서는 학부모교육의 구성체계를 교육의 3대 구성요소를 중심으로 살펴보고자
한다. 일반적으로 교육활동이 이루어지는 장면을 생각해보자. 교육은 그것을 행하
는 교육자와 학습자, 그리고 교육자와 학습자가 상호 교섭할 수 있도록 연결해주는
매개체인 교육내용으로 이루어져 있다. 즉 교육자, 학습자, 교육내용이 교육의 3대 구
성요소인 것이다. 교육의 3대 구성요소를 학부모교육에 적용하면, 교육자는 학부모
교육 강사가 되고, 학습자는 학부모이며, 교육내용은 학부모교육 프로그램이 된다(그
림 3-1 참조).

우선 학습자는 교육을 받는 대상, 교육활동의 핵심 대상으로 교육의 시작이자 끝
이라 할 수 있다. 그러므로 교육의 목적을 설정하고, 교육내용을 구성하며, 교육방법
을 적용하는 모든 과정에서 학습자를 고려해야 한다. 학부모교육에 있어 학습자는
바로 학부모이다. 학습자는 교육을 받는 대상이라는 의미에서 교육의 객체라고도 한
다. 학습자는 교사의 지식을 일방적으로 받아들이는 대상이 아니라 스스로 성장하
는 주체적인 힘을 가지고 있다는 점에서 수동적 존재가 아니라 주체적 행위자, 즉 교
육의 핵심 존재로 간주해야 한다.

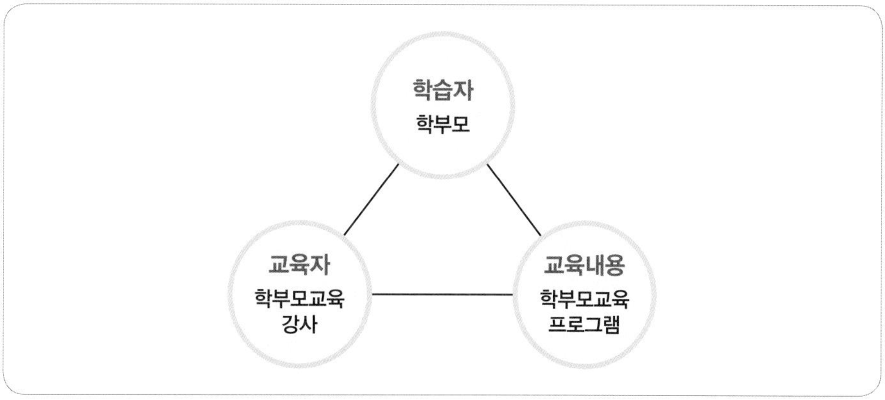

> **학부모교육의 구성요소**
> ‖ 교육은 교육을 행하
> 는 교육자와 교육을 받
> 는 학습자, 그리고 교육
> 자와 학습자가 상호 교
> 섭할 수 있도록 연결해
> 주는 매개체인 교육내
> 용으로 이루어짐.

그림 3-1 교육의 3대 구성요소

1965년 유네스코 회의에서 '평생교육'에 대한 논의를 시작하면서, 인간이 태어나서 죽을 때까지 전 생애에 걸쳐 교육을 받는 존재라는 인식이 확산되었다. 평생교육의 최초 주창자인 랑그랑Lengrand은 평생교육이란, 개인의 출생부터 죽을 때까지의 생애에 걸친 교육(수직적 혹은 시간적 차원)과 개인 및 사회 전체의 교육(수평적 혹은 공간적 차원)의 통합이며 삶을 구성하는 총체적 시간과 공간을 아우르는 '틈새없는 교육망'이라고 개념화하였다(이정표, 2013에서 재인용). 평생교육의 관점에서 보면 교육의 대상이 아동·청소년 중심에서 전 생애 중심으로 확대되어 성인인 학부모도 교육의 대상에 포함된다. 또한 학부모는 교육의 3주체 중 하나이고, 가정-학교-지역사회를 연계하는 핵심적인 교육주체라는 점에서 최근 교육의 대상으로 주목받고 있다. 행복한 교육공동체를 만들어가는 주체인 학부모에 대한 이해와 인식이 학부모교육 구성의 기반이 되어야 한다.

둘째, 교육자(교사)는 어떤 형식으로든 가르치는 위치에 있는 사람들을 통칭하는 말이다. 넓은 의미에서의 교사는 교육대상인 학생을 지도하고, 조력하며, 자극하여 과거의 생태보다 성장하도록 하는 데에 직간접적으로 기여하는 모든 사람과 환경을 의미한다. 좁은 의미에서의 교사는 가르치는 일정한 장소가 있고 그곳에서 가르치는 사람을 의미한다. 학부모교육의 교사는 학부모교육을 담당하는 강사가 된다. 교사는 ① 가르치는 교육내용에 대한 해박한 지식 ② 교육내용을 가르치는 방법에 대한 전문적인 지식 ③ 건전하고 바람직한 인격(바람직한 인성과 긍정적 신념, 바람직한 태도와 가치관, 교육과 학습자에 대한 사랑)을 갖추어야 한다.

학부모교육 강사는 학부모를 대상으로 교육 프로그램을 운영하는 전문인력으로, 교육대상인 학부모에 대한 이해뿐 아니라 학부모를 둘러싼 환경에 대한 전반적인 이해를 해야 한다. 즉, 아동·청소년에 대한 발달, 가족 및 부모-자녀관계, 학교교육, 학부모 학교참여, 교육정책, 지역사회참여, 교육 프로그램 개발 및 교수법에 대한 이해 등 학부모를 둘러싼 가정-학교-지역사회에 대한 전문지식을 갖출 필요가 있다. 뿐만 아니라 학부모교육 강사는 학부모교육이 지향하는 가치와 비전을 명확히 인식하고 학부모가 행복한 교육공동체의 주체로서 역량을 강화할 수 있도록 학부모를 지도하고 조력하며 이끄는 코칭coaching을 해야 한다.

셋째, 교육내용은 교육활동에 있어 교사와 학습자를 연결시켜 주는 교육의 매개체를 의미하는 것으로 학부모교육 프로그램이 여기에 해당된다. 교육내용은 교육에 의한 변화와 발달의 주체인 학습자의 바람직한 성장을 유도하는 데에 적합한 것이어야 한다. 학부모교육의 내용은 학부모로서 함양해야 할 가치와 지식, 정보와 기술을 포괄하면서 행복한 학부모상 정립에 기여해야 한다. 학부모의 권리와 의무, 학부모에 대한 개인적·가족적·사회적 요구 등을 반영하여 학부모교육의 내용을 구성해야 한다. 구체적인 내용은 다음 장 '학부모교육 프로그램 개발'에서 자세히 소개하도록 한다.

이상 살펴본 바와 같이 학부모교육은 교육을 받는 대상인 '학부모'를 중심으로 교육을 행하는 '학부모교육 강사', 그리고 교육 내용인 '학부모교육 프로그램'으로 구성된다. 학부모교육을 체계적으로 구성하기 위해서는 우선 교육의 대상인 학부모를 이해하고 교육공동체의 주체로서 학부모의 권리와 책임을 인식할 필요가 있다. 또한 학부모교육 강사는 학부모교육을 행하는 교육자로서 교육대상인 학부모와 가정, 학교, 지역사회에 대한 기본적 이해뿐 아니라 교육 프로그램 및 교수 방법에 대한 전문적 지식을 갖춘 전문가여야 한다. 학부모교육 내용은 행복한 교육공동체 구현을 위해 학부모가 함양해야 할 가치와 지식, 정보와 기술을 교육하는 것이어야 한다.

2) 교육 패러다임의 변화

교육 패러다임의 변화는 교육의 3대 구성요소의 변화를 통해 살펴볼 수 있다. 교육을 구성하는 요소의 의미는 시대 변화에 따라 크게 달라졌다. 전통적인 학교교육에서 교사는 교육에 관한 계획을 수립하고 교육의 내용을 선정·조직하며, 이를 수업에서 지도하는 존재였기 때문에 교육에서 주도적 위치를 차지한다는 의미로 교육주체라고 불렸다. 그러나 교사가 교육의 주체라고 보는 시각은 루소, 페스탈로치, 듀이와 같은 교육학자에 의해 아동중심주의 교육관이 등장하면서 변화하기 시작하였다. 아동중심주의 교육에서 주체는 교사가 아니라 아동이다. 교육을 통하여 변화하여야 할 대상은 교사가 아니라 학생이며 학생의 변화가 일어나지 않는 한 교육활동이란 의미없는 것이기 때문이다. 이때에도 교사는 여전히 교육에서 중요한 위치를 차지하는 사람임에는 틀림없으나 그 역할은 학습자의 성장을 조력하고 안내하는 것으로 바뀌게 된다. 학습자는 수동성이 강조되는 피교육자에서 학습을 통하여 변화하는 주체의 의미를 지니게 되는 것이다(박철홍 외, 2013). 교육의 구성요소 중 교사는 교육의 주체, 학습자는 교육의 객체라는 보는 단순한 도식은 더 이상 유효하지 않게 되었다. 또한 교육을 이해하는 방식과 관점에 따라 구성요소의 의미와 구성요소 간 관계설정 또한 달라질 수 있다.

교육내용의 성격을 어떻게 규정하느냐에 따라 교육과정의 성격과 구성 방향이 달라질 수 있다. 역사적으로 교육내용의 강조점은 '정보 → 학문 → 경험'으로 변화해왔다. 교육내용을 정보로 볼 경우 교육은 단편적인 사실을 가르치는 것이 된다. 교육내용을 학문으로 볼 경우 교육은 학문적 사고방식, 학문적 탐구, 학문의 체계, 학문적 개념 구조의 한 부분이 된다. 이 경우 교육은 주어진 교과내용을 학자들이 하는활동과 같은 탐구의 과정을 통해서 가르치는 것이어야 한다. 교육내용을 경험으로이해해야 하는 이유는 교과 내용이 삶의 경험을 통해서 만들어진 것이며, 그러한 내용이 갖는 의미 때문이다. 즉, 삶 속에서 교육의 의미를 되살릴 수 있도록 가르쳐야한다는 것이다(박철홍 외, 2013).

이처럼 교육의 3대 구성요소의 의미와 관계, 교육내용의 강조점이 달라지면서 교육과정 구성의 목표와 내용 등 전반적인 교육의 의미와 성격이 달라짐을 알 수 있다. 따라서 학부모교육 역시 교육 구성요소의 변화를 반영하여 교육과정의 목표, 방향, 내용을 구성할 필요가 있다.

교육 패러다임의 변화는 평생교육의 개념의 대두를 통해서 살펴볼 수 있다. 평생교육은 학교 중심, 아동·청소년 중심, 교사 중심의 교육방식에서 전 사회 중심, 전 생애 중심, 학습자 중심으로 교육방식을 전환함으로써 기존의 교육 패러다임을 획기적으로 전환시켰다(이정표, 2013). 평생교육은 인간의 삶의 질 유지 및 향상이라는 목적을 향한 현대사회의 지배적인 교육담론이다.

평생교육의 특징을 학교교육 중심의 전통적 학교교육과 비교하면 표 3-1과 같이 정리할 수 있다(World Bank, 2003). 평생교육은 학교뿐 아니라 직장이나 지역사회 등 삶의 모든 영역을 교육의 장으로 보며, 교육내용도 학습자가 자기주도적으로 지식을 창조하고 습득하며 적용하는 것을 가능하게 하는 실천학습에 주안점을 두고 있다. 따라서 다양한 학습 전달방식이 존재하며, 교사에게만 의존하지 않고 학습자 중심의 자기주도적이고 자율적인 선택이 중요시된다(이정표, 2013).

표 3–1 전통적 학교교육과 비교한 평생교육의 특징

구분	전통적 학습	평생학습
교육자의 정의	지식의 원천	학습자를 지식의 원천으로 이끌어주는 안내자
학습의 형태	교사로부터 지식을 습득	인간이 실제 행함을 통해 학습
학습의 정의	학습자 개인이 혼자서 행하는 것	집단 속에서 상호적응을 통해 학습
평가의 의미	학습자가 일련의 기술을 완전히 습득하기 이전에 다음 단계로 전진하는 것을 막고, 추가로 학습할 수 있는 기회를 제한하는 것	학습전략 습득의 기회를 제공하고, 추가 학습경로를 알려주는 것
학습 내용	모든 학습자가 동일한 내용을 학습	교육자가 개별화된 학습전략을 개발하여 적용
교육자 훈련	교육자는 입문 훈련 이후 재직 중 필요할 때마다 교육을 받아 학습	교육자는 평생학습자로서 입문 훈련과 함께 지속적인 전문성 개발을 위한 학습
교육 기회	훌륭한 학습자라고 규정된 사람만이 학습을 지속	모든 인간이 평생학습

자료: World Bank(2003).

　　교육 패러다임이 전 사회 중심, 전 생애 중심, 학습자 중심으로 전환되고 있다. 학부모교육은 새로운 교육 패러다임의 특성을 지닌 교육으로 주목받고 있다. 이러한 교육 패러다임의 변화는 학부모정책의 대두를 통해서도 읽을 수 있다. 학부모정책은 그동안의 공급자 관점의 정책 패러다임을 수요자 관점으로 전환하고자 하는 노력의 일환으로, 2009년 교육과학기술부에 학부모지원팀이 생기면서 본격적으로 시행되었다. 이 정책은 그간 시행되었던 교사와 학교 등 공급자 중심의 교육정책을, 학생과 학부모라는 수요자 중심의 교육정책으로 패러다임의 전환을 시도했다는 점에서 획기적이다(이현아, 2012). 수요자 관점으로의 전환은 사회적인 트렌드의 영향으로 이해할 수 있으며, 그 중심에서 학부모교육이 핵심적인 역할을 할 것으로 기대된다.

2 학부모교육의 구성방향

학부모교육의 체계적 구성을 위해서는 학부모교육에 대한 요구를 살펴보고, 이를 토대로 학부모교육의 구성방향을 수립해야 한다. 학부모교육의 요구는 학부모교육에 대한 사회적 요구와 개인적 요구를 통해 살펴볼 수 있다. 학부모교육에 대한 사회적 요구는 우리 사회가 학부모에게 기대하는 교육적 권리와 책임에 기반하여 도출할 수 있고, 개인적 요구는 학부모 스스로가 학부모교육에 기대하는 요구에 근거하여 도출할 수 있다. 학부모교육에 대한 사회적 요구와 개인적 요구는 이후 학부모교육의 영역을 구분하고 내용을 설정하는 기준이 된다는 점에서 매우 중요하다.

> **학부모교육의 요구** ‖
> 학부모교육에 대한 사회적 요구는 우리 사회가 학부모에게 기대하는 교육적 권리와 책임에 기반하여 도출할 수 있고, 개인적 요구는 학부모 스스로가 학부모교육에 기대하는 요구에 근거하여 도출할 수 있음.

1) 학부모교육에 대한 사회적 요구

학부모교육에 대한 사회적 요구는 학부모가 교사, 학생과 함께 교육의 3주체로서 가지게 되는 교육의 사회적 권리와 책임에 기반하여 설명할 수 있다. 헌법과 법률에서는 교육에 대한 학부모의 권리를 자연법상의 권리로 인정하고 있으며, 학부모의 학교운영 참여를 명시하고 있다(허종렬, 2010).

> **헌법 제31조** ② 모든 국민은 그 보호하는 자녀에게 적어도 초등교육과 법률에서 정하는 교육을 받게 할 의무를 진다.
>
> **교육기본법 제5조(교육의 자주성 등)** ② 학교운영의 자율성은 존중되며, 교직원, 학생, 학부모 및 지역주민 등은 법령이 정하는 바에 의하여 학교운영에 참여할 수 있다.
>
> **교육기본법 제13조(보호자)** ① 부모 등 보호자는 보호하는 자녀 또는 아동이 바른 인성을 가지고 건강하게 성장하도록 교육할 권리와 책임을 가진다. ② 부모 등 보호자는 보호하는 자녀 또는 아동의 교육에 관하여 학교에 의견을 제시할 수 있으며, 학교는 그 의견을 존중하여야 한다.

학부모의 권리와 의무에 관련한 법적 근거는 다양한 법률에서 명시되어 있다. 주로 학부모의 의견제시권 및 학교 등의 수렴·존중 의무, 학부모의 교육정보권, 각종 학교 위원회 참여권, 학부모의 교육의무 및 학교지원에 대한 것이다(김승보, 2011).

┌───┐
│ 학부모의 권리와 의무에 관련한 법적 근거 │
│   │
│ ① 학부모의 의견 제시권 및 학교 등의 수렴, 존중 의무 │
│   • 학교에 대한 의견 제시권(교육기본법 제13조 2항) │
│   • 유아 및 초중등교육기관 평가 참여권(유아교육법 시행령 제22조) │
│   • 학생 징계시 의견진술권(초중등교육법 제18조) │
│   • 교원노조 단체교섭 및 단체협약 체결 시 의견 제시권(교원의 노동조합설립 및 운영 등에 관한 법률 제6조) │
│   │
│ ② 학부모의 교육정보권 │
│   • 학교발전기금 집행계획 및 내역과 결산에 대한 정보권(초중등교육법 시행령 제64조) │
│   • 사립학교이사회 회의록 공개청구열람권(사립학교법 시행령 제8조) │
│   • 건강검사결과 정보권(학교보건법 제7조) │
│   • 학교예산 및 결산 정보권(공립초중등학교 회계규칙 제46조) │
│   │
│ ③ 각종 학교위원회 참여권 │
│   • 학교운영참여권의 일반적 보장(교육기본법 제5조) │
│   • 학교운영위원회 참여권(초중등교육법 제31조) │
│   • 학교폭력대책자치위원회 참여권(학교폭력 예방 및 대책에 관한 법률 시행령 제9조) │
│   │
│ ④ 학부모의 교육의무 및 학교지원 │
│   • 의무교육경비 등의 부담 의무(지방교육자치에 관한 법률 제37조) │
│   • 학교운영지원비 등의 부담(초중등교육법 제30조) │
│   • 학교발전기금의 납부(초중등교육법 시행령 제64조) │
└───┘

교육부(2013)에 의하면 학부모는 자녀교육에 대해 다음과 같은 권리와 책임을 가진다. 학부모는 교육받을 권리, 교육정보를 알 권리, 교육활동에 참여할 권리, 교육정책을 모니터링할 권리가 있다. 또한 자녀의 전인발달과 행복에 기여하는 양육의 책임유

표 3-2 학부모의 권리와 책임

권리	책임
• 교육받을 권리 • 교육정보를 알 권리 • 교육활동에 참여할 권리 • 교육정책을 모니터링할 권리	• 자녀의 전인발달과 행복에 기여하는 양육의 책임 • 유기 · 방임 · 학대 등으로부터의 자녀를 지킬 책임 • 자녀양육에 필요한 학습을 수행할 책임 • 교육활동에의 참여와 교육에 기여할 책임

자료: 국가평생교육진흥원 전국학부모지원센터 · 교육부(2013).

기·방임·학대 등으로부터의 자녀를 지킬 책임, 자녀양육에 필요한 학습을 수행할 책임, 교육활동에의 참여와 교육에 기여할 책임 등을 가진다. 이러한 학부모 권리와 책임은 학부모교육과정 구성의 목표와 방향을 제시하는 사회적 요구가 된다.

미국의 경우, 초중등교육 개혁법으로 잘 알려진 아동낙오방지법(No Child Left Behind Act of, 2001)을 통해 학부모의 책임과 권리를 종합적이고 체계적으로 제시하고 있다. 특히 학부모참여 관련 조항인 1118조(Section 1118, Elementatry and Secondary Education Act)는 학생의 학업성취 향상을 위한 가정, 학교, 지역사회의 책임과 역할을 명시하고, 학부모의 참여활성화를 위한 정보제공 및 학부모참여 프로그램의 개발과 운영에 대해 규정하고 있다. 주정부, 지역교육청, 단위학교의 학부모참여 정책은 거의 대부분이 이 법에 근거를 두고 추진되는 것이다(차성현, 2009).

미국의 초중등교육법 9101조 31항에 따르면, 학부모란 아동에 대한 법적인 보호자 혹은 부모의 대리권을 가진 자를 말한다. 학부모참여란 학부모가 자녀의 학습 및 여타 학교활동과 관련하여 쌍방향의 의미있는 의사소통에 정기적으로 참여하는 것이다(Section 9010(32), ESEA). 나아가 이러한 학부모참여를 ① 자녀의 학습지원에 대한 학부모의 역할, ② 자녀의 학교교육에 대한 학부모의 적극적 참여, ③ 자녀교육의 파트너로서 자녀의 교육과 관련된 의사결정에 참여, ④ 자녀의 교육과 관련된 여타의 학교활동 등에 참여하는 것을 지원하고 보장하기 위한 것이라고 규정하고 있다.

미국 초중등교육법에 나타난 학부모참여정책의 추진방향은 크게 3가지이다. 첫째, 이전과 달리 학부모참여정책의 추진 체제로 주정부, 지역교육청, 단위학교 등 추진 주체별 역할과 책임을 분명히 하고 이 추진 주체 간의 유기적 협력을 요구하고 있다. 둘째, 학생의 학업성취 향상에 대한 가정, 학교, 지역사회의 공동책임을 요구하고 있다. 특히 학교와 학부모가 학교–학부모협약을 맺도록 하여 학생의 성공적 학교생활에 대해 학교와 학부모가 함께 책임지도록 하고 있다. 셋째, 모든 학부모들에게 동등한 참여 기회를 최대한 보장하도록 하고 있다. 자녀교육과 관련된 정보 획득 및 의사결정에의 참여, 학교–학부모 협약서 작성 등 학부모참여 프로그램의 개발 및 시행과정에서 학부모들이 인종, 성별, 종교, 언어, 사회경제적 지위 등의 이유로 참여에 제한을 받지 않도록 하고 있다.

이상의 논의를 통해 학부모교육에 대한 사회적 요구를 종합하면, 학부모는 자녀가 바른 인성을 가지고 건강하게 성장하도록 교육할 권리와 책임을 가진 사람으로서, 자녀양육과 자녀교육에 필요한 자질과 소양을 증가시키기 위해 학부모교육에 적극적으로 참여할 것을 사회적으로 요구받는다.

2) 학부모교육에 대한 개인적 요구

수요자 요구에 부응하는 맞춤형 교육을 설계할 때, 교육의 효과와 만족도가 높아진다는 점을 고려하면, 학부모교육의 수요자인 학부모들의 개인적 요구를 분석하는 것이 학부모교육 구성의 출발점이 되어야 한다. 학부모들의 학부모교육에 대한 개인적 요구는 다양한 실증자료를 통해서 살펴볼 수 있다.

아동·청소년의 인성함양을 위한 가정과 부모의 역할정립 연구(진미정 외, 2012)에서 보면 거의 모든 학부모들이 부모교육의 필요성을 제기한다. 많은 학부모들이 부모교육이 필요하다는 인식을 공통적으로 하고 있었고, 심지어 '부모면허증'이나 '부모교육 의무화', '예비부모교육', '학부모교육 이수제'를 언급할 정도로 부모교육의 필요성에 대한 학부모들의 공감대는 매우 강하게 드러났다. '부모교육 의무화'나 '부모면허증'을 주장할 정도로 가정 내 부모역할 지원을 위해 부모교육은 필수적이라 할 수 있다.

또한 2012 자녀교육 및 학교참여 실태조사(이강이 외, 2013) 결과에서 학부모교육에 대한 수요를 살펴보면 다음과 같다. 우선 학부모교육을 받은 경험이 있는 학부모 비율은 27.5%로 나타났다. 이는 2011년도 조사 결과(27.1%)에 비해 약간 증가한 수준이다. 학부모 특성에 따라서는 초등학교 자녀를 둔 응답자, 어머니 응답자, 30대 이하, 중소도시 응답자, 자녀수가 많을수록, 외벌이인 경우, 학부모회 활동에 참여하는 경우에 학부모교육 경험율이 높게 나타났다. 학부모교육 이수율은 27.5%로 작년과 비슷한 수준이지만, 학부모교육을 받는 빈도는 작년 대비 증가하여, 학부모교육 참여빈도를 고려하여 학부모교육 참여율을 복수로 계산하면, 40% 정도로 추산되었다.

이는 학부모회나 일부 학부모를 중심으로 학부모교육이 중복적으로 이루어진다는 점을 시사한다. 특히 학부모교육 참여가 주로 초등학교 자녀를 둔 젊은 어머니를 중심으로 이루어지는 점을 고려할 때, 자녀가 중고등학생인 학부모, 맞벌이 학부모,

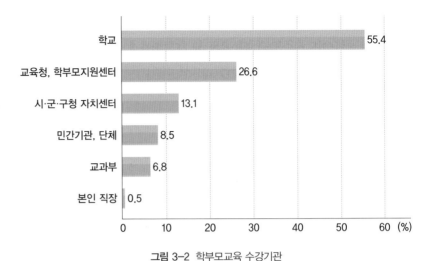

그림 3-2 학부모교육 수강기관

자료: 이강이 외(2013). 2012년 학부모의 자녀교육 및 학교참여 실태조사.
서울대학교 학부모정책연구센터.

아버지 학부모를 대상으로 하는 학부모교육이 보다 활성화될 필요가 있다. 특히 학부모교육을 받은 것이 자녀교육에 도움이 되었다는 반응이 95.6%로 대다수의 학부모가 학부모교육의 효과를 긍정적으로 평가하고 있다는 것을 고려할 때, 일부 학부모가 아닌 대다수의 학부모를 대상으로 학부모교육이 이루어질 필요가 있다.

같은 조사에서 학부모교육을 받은 기관으로는 자녀가 재학 중인 학교나 인근 학교가 가장 많았다. 다음으로는 교육청이나 학부모지원센터로 나타났다. 학부모교육 수강기관은 자녀가 재학중인 학교뿐 아니라 교육청이나 학부모지원센터, 시군구청 자치센터 등 작년에 비해 보다 다양화되는 추세를 보이고 있는 것이다(그림 3-2 참조).

수강 경험이 있는 학부모교육의 내용을 보면 학교폭력 예방(42.4%) > 대화기법 역할훈련(27.6%) > 교육제도 및 정책(25.4%) > 학습지도(22.3%) > 인성·예절지도(21.1%) 순으로 수강한 것으로 나타났다.

필요한 학부모교육의 내용으로는 인성·예절지도(27.0%) > 대화기법(20.2%) > 진학·진로지도(16.0%) > 교육제도 및 정책(14.7%) > 폭력 예방(11.1%) 순으로 요구가 많았다. 자녀의 학교급이 낮을수록 인성·예절지도에 대한 학부모교육을 필요로 한다는 응답 비율이 높았고, 학교급이 높을수록 진학·진로지도에 대한 학부모교육을 필요로 한다는 응답 비율이 높은 것이 특징이라 할 수 있다(이강이 외, 2013).

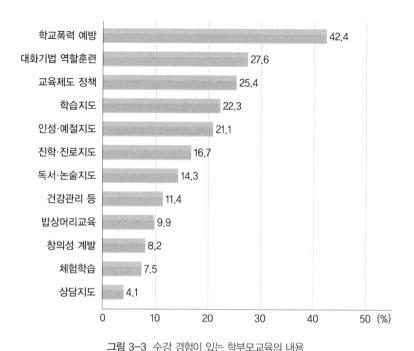

그림 3-3 수강 경험이 있는 학부모교육의 내용
자료: 이강이 외(2013). 2012년 학부모의 자녀교육 및 학교참여 실태조사.
서울대학교 학부모정책연구센터.

같은 조사에서 학부모교육을 받지 않은 경우 그 이유를 살펴보면, '시간이 맞지 않음'이 35.7%로 가장 많고, 그다음 '시간이 없음'이 28.3%, '교육정보가 없음' 20.1%, '교육 필요성을 못 느낌' 12.2% 순으로 나타났다. 자녀의 학교급이 낮을수록, 부모 연령이 30대 이하인 경우, 월평균 소득이 높을수록 '시간이 맞지 않음'을 선택한 비율이 높았고, 부모 연령이 40대 이상인 경우, 지역규모가 클수록, 부모가 맞벌이인 경우와 학부모회에 참여하지 않는 경우는 '시간이 없음'을 선택한 비율이 높았다(그림 3-4 참조).

이처럼 학부모교육을 받지 않은 이유로는 시간이 맞지 않거나, 시간이 없는 등 시간적 요인이 대표적인 장애요인으로 나타났다. 이를 통해 학부모들의 교육 참여를 위한 시간 확보가 학부모교육 활성화의 일차적 요건임을 알 수 있다. 학부모교육에 대한 정보가 부족한 것 또한 학부모교육 불참의 원인으로 나타난 점은 학부모교육 프로그램 개발과 실시뿐 아니라 프로그램 홍보와 정보제공이 함께 수반되어야 함을 시

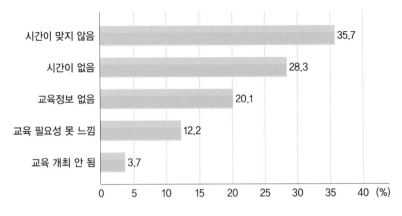

시간이 맞지 않음	35.7
시간이 없음	28.3
교육정보 없음	20.1
교육 필요성 못 느낌	12.2
교육 개최 안 됨	3.7

그림 3-4 학부모교육을 받지 않은 이유

자료: 이강이 외(2013). 2012년 학부모의 자녀교육 및 학교참여 실태조사.
서울대학교 학부모정책연구센터.

사한다. 또한 인성·예절지도, 대화기법 역할훈련, 진학·진로지도 등 학부모의 수요
가 많은 내용으로 학부모교육을 구성하고, 학교급에 따라 초등학교에서는 인성·예
절지도를 중심으로 하고, 학교급이 올라갈수록 진학·진로지도를 중심으로 구성하
여 학부모교육 참여도를 높여야 할 것이다.

다양한 채널을 통한 학부모교육의 예

학부모를 위한 팟캐스트: 신애라와 함께하는 필통스쿨

• **일반 PC 사용자**
  – 교육부 페이스북(www.facebook.com/mest4u) 접속
  – 포털사이트에서 '신애라', '필통스쿨', '교육부' 등을 검색

• **스마트폰 사용자**
  – webg2012.dothome.co.kr/edu 접속

• **아이폰, 아이패드 사용자**
  – 아이튠즈 접속 후 '신애라', '필통스쿨', '교육부' 등을 검색

---

3 학부모교육의 구성체계

학부모교육의 구성체계는 학부모교육에 대한 사회적 요구와 개인적 요구를 반영하여 수립해야 한다. 학부모가 학부모로서 권리와 책임을 다할 수 있도록, 그리고 학부모의 개인적·가족적·사회적 요구에 모두 부응할 수 있도록 학부모교육의 목표와 내용을 구성해야 한다.

1) 학부모교육의 영역체계

(1) 인간생태학 관점

여기서는 인간생태학 관점에 의거하여 학부모교육의 영역을 구성하고자 한다. 브론펜브래너(Bronfenbrenner, 1979)는 생태이론을 가족과 인간발달에 적용하는 데 중요한 역할을 하였다. 그는 아동과 청소년들이 생활하는 환경은, 미시체계(가정, 학교, 또래), 중간체계(미시체계 간의 상호작용), 외체계(지역공동체, 대중매체, 사회기관 등), 거시체계(문화적 요인, 정치체계, 경제체계 등), 시간체계(생애발달, 역사적 시점)로 구성된다고 하였다. 미시체계는 개인이 경험하는 일차적인 물리적 환경에서 이루어지는 활동과 역할 및 대인관계 유형 등을 포함하고, 중간체계는 개인 또는 가족이 적극적으로 참여하는 둘 이상의 환경 간 상호관계로 이루어진다(그림 3-5 참조).

> **생태이론** ‖ 인간발달은 미시체계, 중간체계, 외체계, 거시체계, 시간체계 등 다양한 차원의 체계 안에서 이루어짐.

　예를 들어 아동의 경우 가정과 학교, 이웃과의 관계가 미시체계에 해당할 것이다. 성인의 경우 가족, 직장, 사회생활 사이의 관계를 중간체계로 볼 수 있다. 외체계는 개인이나 가족이 적극적 참여자로 관여하지는 않으나 이들 환경에서 일어나는 변화에 영향을 주거나 영향을 받는 사건이 발생되는 하나 또는 그 이상의 환경을 의미한다.

　예를 들면 아동의 경우에는 부모의 직장, 손위형제가 다니는 학급, 부모의 친구관계, 조직망 등이 외체계에 포함될 수 있다. 마지막으로 거시체계는 기본적인 신념 체계가 이념과 함께 하위체계(미시체계, 중간체계, 외체계)의 형태와 내용에서 나타나는 일관성으로서 하위체계의 문화수준이나 문화 전반의 수준에 존재한다.

　이들 4대 체계를 관통하는 또 다른 체계가 바로 시간체계이다. 이 체계는 생태이론에 도입되어 4대 체계 간 상호작용을 인간의 성장 발달과 함께 연속적으로 이루어

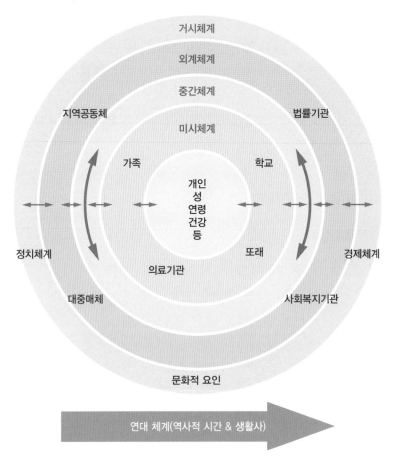

그림 3-5 인간생태학 모델
자료: Bronfenbrenner, U(1979).

지는 것으로 보는 지속성의 의미를 부여한다.

　인간생태학적 관점은 아동·청소년의 성장환경으로서 가정과 미시적, 거시적 사회체계의 영향을 함께 고려하도록 한다는 점에서 학부모교육 구성의 이론적 근거가 된다. 아동·청소년의 올바른 인성 함양을 위해서는 가정, 학교, 사회의 역할이 모두 중요한데, 그중에서도 가정의 역할이 일차적으로 중요하다는 것은 학자들이나 전문가들 모두가 동의하는 바이다. 인간과 사회에 대한 기본적인 신뢰감이 형성되고, 기초적인 생활습관과 규범에 대한 사회화가 이루어지는 일차적인 장이 가정이기 때문이며, 그러한 역할의 중심에 학부모가 있는 것이다.

이런 관점에서 학부모의 관심과 요구는 개인–가정–학교–지역사회로 확대되어야 하므로 학부모교육의 1가지 축을 개인–가정–학교–지역사회로 설정할 수 있다. 특히 가정–학교–지역사회 간 파트너십이 중요해지는 만큼 학부모의 역할 또한 개별 자녀의 부모역할에만 국한된 협의의 학부모가 아니라 가정–학교–지역사회에서 사회 공동의 부모역할을 할 수 있는 광의의 '학부모'로 자리매김할 수 있도록 인간생태학적 관점에서 학부모교육의 목표를 설정해야 한다.

(2) 가족발달이론

학부모교육의 영역을 도출하는 또 다른 이론적 근거로 가족발달이론이 있다. 자녀의 발달에 따라 학부모의 상황이 변화하고, 학부모가 자녀와 함께 성장해야 한다는 관점에서 가족발달단계를 고려할 필요가 있다.

자녀가 태어나 공교육제도에 진입하면 누구나 학부모가 된다고 생각하기 쉽지만, 사실 학부모의 지위는 자녀의 취학과 진학으로 저절로 획득되는 것은 아니다. 학부모가 자녀와 함께 성장해야 학부모의 역할을 제대로 할 수 있고, 그럴 때 바람직한 학부모의 지위를 획득하게 된다. 자녀만 성장하는 것이 아니라 부모도 함께 성장해 나가야 하는 것이다. 이러한 관점에서 학부모교육은 일회적인 교육이 아닌 가족생애주기에 걸친 평생의 교육이어야 한다.

가족발달이론은 시간에 따라 가족의 변화과정을 설명하는 이론으로 1950년에 본격적으로 체계화되었다. 체계화 과정에는 힐Hill과 그 제자들, 특히 한센Hansen, 듀볼Duvall, 로저스Rogers, 엘더스Aldous, 밀러Miller, 마테스키Matesky, 화이트White 등의 연구가 큰 영향을 미쳤다. 가족의 변화과정을 기술하는 데 초점을 두는 가족발달이론은 가족의 시간에 대한 분석을 주요한 연구문제로 삼는다. 여기서는 가족의 시간이 각 가족의 내적 요구와 외적 환경에 의하여 결정되는 일련의 발달단계를 거친다고 가정한다. 일반적으로 가족발달단계의 시작은 결혼을 통한 가족의 형성으로 보며, 이로부터 가족구조와 가족구성원의 생활이 일정한 유형화된 단계를 따르게 되고, 각 가족의 생활주기는 발달의 척도로 간주된다.

유영주(1984)는 우리나라의 가족생활주기를 '형성기–자녀 출산 및 양육기–자녀교육기–자녀성년기–자녀결혼기–노년기'로 구분하여 설명하였다. 형성기는 결혼으로부

> **가족생활주기** ‖ 한 가족이 형성되어 소멸될 때까지의 발달과정을 특정한 가족생애사건을 중심으로 유형화한 단계

그림 3-6 우리나라의 가족생활주기
자료: 유영주(1984).

터 첫 자녀 출산 전까지이며, 자녀 출산 및 양육기는 첫 자녀 출산으로부터 첫 자녀가 초등학교에 입학할 때까지이다. 자녀교육기는 첫 자녀의 초등학교, 중학교, 고등학교교육 시기를 말하며, 자녀성년기는 첫 자녀가 대학에 다니거나 취업, 군복무, 가사를 협조하는 시기를 말하고, 자녀결혼기는 첫 자녀 결혼부터 막내 자녀 결혼까지이며, 노년기는 막내 자녀 결혼으로부터 배우자가 사망하고 본인이 사망할 때까지를 말한다.

한편 각 가족과 그 성원들은 가족이 처한 발달단계에 따라 규범에 의하여 정해진 발달과업을 수행해야 한다. 가족의 발달과업은 가족 내에서 중요한 역할을 재배열하고 변화시키며 발전시키는 데 요구되는 것으로, 가족성원의 증감이나 새로운 규범의 출현으로 인해 계속 변화되는 가족의 역할 유형이다. 만일 한 단계에서 발달과업의 수행이 성공적으로 이루어지지 않으면, 다음 단계에서 어려움을 겪게 된다는 프로이트의 견해를 차용하였다(조희금 외, 2013).

이 이론에서 말하는 가족에 대한 가정을 힐과 한센, 엘더스는 다음과 같이 제시하였다(한국가족관계학회 편, 2002). 첫째, 가족의 행위는 과거와 현재의 사회환경과 개인조건과의 함수관계에 있다. 즉, 가족의 행동은 현재뿐만 아니라 과거의 목표, 기대 등을 통한 가족구성원들의 경험들이 축적되어 나타난 것이다. 둘째, 각 가족구성원들과 가족은 상호작용을 하는 데 있어서 연령에 따라 독특한 역할이 부여되므로 인간의 행위는 인간의 발달과 떼어서는 이해할 수 없다. 셋째, 비록 체계로서의 가족이 중요하지만 인간은 행위자인 동시에 반응하는 주체이기 때문에 가족구조 내에서 개인이 가장 중심이 된다. 한편 개인은 그들이 성숙해감에 따라 타인과의 상호작용에서 행동을 주도할 뿐만 아니라 환경에서의 자극에 적절히 반응하기도 하며, 가족구성원에게 의존적이기도 하다. 넷째, 가족과 그 구성원들은 가족의 발달수준에 따라 그들 스스로 혹은 더 큰 사회의 집단 성원에 의해 규정된 발달과업을 수행해야만 한다. 그러므로 개인과 집단의 발달은 사회환경으로부터의 자극과 잠재적인 능력들로부터 알 수 있다. 다섯째, 가족들은 비슷하고 일관적인 유형으로 시간에 따라 변화한다. 여섯째, 사회적 환경에서의 개인은 가장 기초가 되는 자율체계이다.

가족발달이론에 의거하여 볼 때 학부모교육도 가족발달단계에 따라 목표와 내용이 달라진다. 가족발달단계는 결혼으로부터 시작하여 가족원의 사망에 이르기까지 지속되며, 자녀의 출산이나 자녀의 진학, 자녀의 취업 및 결혼 등 가족의 주요한 사건을 기준으로 단계가 구분된다. 학부모교육은 학부모를 대상으로 하는 것이므로, 본 장에서는 사회적으로 학부모의 지위를 획득하게 되는 시점인 유치원 시기부터 시작하여 고등학교 시기까지를 학부모교육의 대상 시기로 보고, 유치원 자녀기, 초등학교 자녀기, 중학교 자녀기, 고등학교 자녀기의 4단계로 구분하고자 한다.

◉ 유치원 자녀기

유치원 자녀기는 만 3세부터 초등학교 입학 이전까지의 시기를 말한다. 이 시기에는 꾸준한 신체적 성장이 이루어지며 운동기능도 발달한다. 인지능력이 발달하여 눈앞에 존재하지 않는 대상을 기억할 수 있는 표상능력이 발달하고, 상상과 환상이 풍부해지는 시기이기도 하다. 또한 주변 환경에 대한 탐색이 활발해지고, 많은 어휘를 습득하여 다른 사람과의 의사소통도 활발해진다. 이러한 능력을 이용한 놀이는 이 시기의 중요한 과업이 된다. 아이는 놀이를 통해 자신이 새로 습득한 기술을 실제로 적용해 보고 발전시키며, 일상생활에서의 긴장감을 해소한다. 또한 성에 대한 호기심이 차츰 증대하여 자신이나 부모, 형제자매, 친구의 성별에 관심을 보이게 된다. 동시에 부모의 사랑과 관심을 독차지하려는 경향이 나타나 형제자매나 동성의 부모를 경쟁의 대상으로 삼기도 한다. 이러한 과정에서 부모의 태도나 가치관을 자신의 것으로 받아들이는 동일시가 강하게 나타나며, 이는 이후 형성되는 초자아의 기초가 된다.

◉ 초등학교 자녀기

자녀가 초등학교에 입학하여 초등학교에 다니는 시기를 말한다. 생활의 중심이 가정에서 학교로 옮겨감에 따라, 이 시기 발달에서는 학교생활이 중요한 역할을 하게 된다. 학교생활을 통해 자녀들은 많은 사회적 관계를 형성하게 되며, 또래집단의 비중이 점차 커지게 된다. 이 시기는 표면적으로 조용하게 보이지만 아동의 에너지는 내부적으로 조작능력을 획득하고 급격한 인지발달을 위해 사용된다. 동시에 운동능력이나 언어능력이 증가함에 따라 자신의 욕구를 쉽게 표현하고, 스스로 해결할 수 있게 된다. 아동은 외부 세계에 대해 관심을 넓혀나가며, 부모나 다른 성인에 대한 동료의식을 발전시킨다(정옥분·정순화, 2007).

◉ 중학교 자녀기

자녀가 중학교에 진학하여 중학생이 되는 시기이다. 이 시기는 자녀가 아동기에서 성인기로 옮겨가는 과도기에 접어들어 어른도, 아이도 아닌 어중간한 상태에서 불안정과 불균형으로 심한 긴장과 혼란을 겪게 되는 첫 번째 시기이다. 중학교 시기는 급격한 신체적·생리적인 성장, 인지적인 발달, 정서·사회적인 성숙을 거치면서 아동으로부터 성인으로 탈바꿈해 나가는 과도기로 '제2의 탄생기'라고도 불린다.

이처럼 급격한 성장, 발달, 성숙의 과정에 있기 때문에 청소년들은 육체 내부로부터 설명하기 힘든 강한 생명력의 약동을 느끼지만 정신적으로는 이를 적절히 조절할 수 있는 현실적인 자아능력이 취약하기 때문에 종종 정신적·육체적 불균형 상태에서 혼란과 갈등을 느끼게 된다. 청소년은 추상적인 사고력이 발달하여 혼란의 위협으로부터 자존감의 안정을 찾기 위해 자신은 뭐든지 할 수 있다거나, 특별하다는 자아도취에 빠지기도 한다. 그들은 친구로부터 자아도취적인 자신에 대한 지지를 구하거나, 부모와의 관계 소원으로 인한 분리불안과 슬픔을 덜고, 고통스러운 정체감을 함께 나누고자 노력한다. 스스로 알 것은 다 안다고 생각하지만 실제 상황에서는 자신들에 대한 사회적 역할과 기대에 따른 다양한 문제를 해결하기 힘들어 한다.

◉ 고등학교 자녀기

중학생이던 자녀가 고등학생이 되면 얼굴과 신체는 물론 태도나 말투까지도 성인에 가까워진다. 자녀는 태어나서 청소년 시기까지 끊임없이 성장하고 발달하는데, 고등학교 시기가 발달의 거의 마지막 단계라 할 수 있다. 생애발달 관점에서 보면 이 시기는 성인기에 진입하기 직전의 마지막 단계로 성공적인 성인기 진입에 있어 매우 중요하다. 청소년기 발달의 특성은 초등학교 상급생 시기부터 대학생 초기를 포함하는 것으로 고등학생 시기만을 따로 떼어 표현하기는 어렵다.

흔히 청소년기를 '질풍노도의 시기'라고 한다. 청소년 시기에 심리적 변화를 잘 받아들이지 못하면 열등감과 무력감, 반사회적 행동, 정서불안, 교우관계 갈등 등을 겪게 된다. 청소년이 고등학교 졸업 후 원만한 발달을 이루고 성공적인 삶을 살기 위해서는 자아정체감 형성, 가치관 형성, 정신적 독립, 진로준비, 여가와 학업의 조화, 친구관계 및 이성관계 형성 등 청소년기에 이루어야 하는 발달과업을 완수해야 한다.

청소년기의 특징을 나타낸 용어들

용어	의미
심리적 이유기	부모에 대한 심리적 의존에서 벗어나 친구나 또래집단과 더 가깝게 지내며 그들에게 의존하는 것
피터팬증후군	육체적으로는 성인과 같지만 마음은 아동과 같아 이전 단계의 자아에 머물려고 하는 것
지불유예현상	권리를 누리면서 그에 대한 대가를 지불하지 않고 자꾸만 대가 지불을 미루는 것
파랑새증후군	자신이 처한 현실에 만족하지 못하고 계속해서 꿈을 찾으려고 노력하는 것

2) 학부모교육의 영역별 구성

앞서 인간생태학 관점과 가족발달이론에서 제시한 기준에 의거하여, 그림 3-7과 같이 학부모교육의 영역을 구분할 수 있다. 가로축은 '가정-학교-지역사회'로 나누고, 세로축은 '유치원 자녀기-초등학교 자녀기-중학교 자녀기-고등학교 자녀기'로 나누어 학부모교육의 영역을 체계적으로 구성할 수 있다. 가로축은 학부모가 부모로서 그 역할을 수행하는 장(場)을 기준으로 구분한 것이다. 세로축은 자녀의 발달단계에 따른 가족발달단계에 따라 구분한 것이다. 각 단계와 영역에 따라 교육의 목표와 내용이 다르므로, 구체적인 교육 프로그램도 차별화될 필요가 있다.

학부모교육의 영역별 구성은 학부모교육의 교육과정을 개발하는 작업이다. 일반적으로 교육이나 교육과정에 관해 말할 때 교육의 목적 혹은 목표, 내용, 방법 등의 용어들을 사용한다. 목적이 행위를 정당화하는 근거라면, 목표는 행위가 지향하는 대상이다. 교육목적은 교육의 개념적 조건을 논리적으로 내포하거나 상징하는 것이고, 교육목표는 교육활동의 대상과 한계를 나타내는 것이다. 교육내용은 교육목표를 보

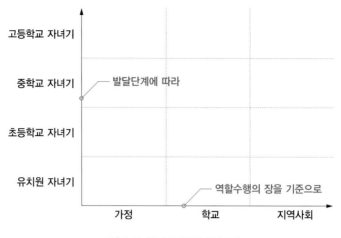

그림 3-7 학부모교육의 영역체계

다 하위의 단위활동으로 상세화한 결과로 얻어지는 것이다. 교육의 내용은 교육의 목표에 의해서 밝혀진 인간 활동의 판도라고 한다면 내용은 교육의 목적을 만족시키고 목표를 달성할 수 있도록 조직되어야 한다(김호권 외, 1988).

교육의 내용을 조직한다는 것은 한 단위의 교육활동의 목표를 논리적으로 세분화하는 일을 포함한다. 교육의 방법은 내용과 분리해서 존재할 수 있는 것이 아니므로 교육활동의 내용은 방법의 적용이 가능하도록 조직되어야 한다. 교육방법은 주어진 교육목표를 달성하기 위하여 온갖 수단들을 동원하고 조직하고 전개하는 원리와 기술을 총칭한 것이다(박철홍 외, 2013). 교육과정 개발과정은 일반적으로 교육목표의 설정과 진술에서 시작하여, 학습경험과 교육내용을 선정하고 조직하며, 교육목표의 달성도를 확인하는 절차로 이루어진다. 여기서는 학부모교육의 목표 설정과 교육내용을 조직하는 것을 중심으로 학부모교육의 영역별 교육과정을 구성하고자 한다.

학부모는 가정과 학교, 사회의 순기능에 대한 이해를 바탕으로 부모로서의 역할을 수행하고 자녀양육을 바르게 실천하는 태도와 능력을 필요로 한다. 학부모교육과정은 학부모에게 필요한 전문적 교육정보를 제공하고 자녀교육역량을 강화하며, 교육공동체의 주요 구성원으로서 권리와 책임을 충실히 수행할 수 있도록 그 능력을 길러주는 것을 목적으로 한다.

구체적인 학부모교육과정의 목표는 다음과 같다. "첫째, 자녀의 성장에 따른 부모

표 3-3 학부모교육의 영역별 목표

가정	학교	지역사회
• 부모 역량 강화 • 자녀 발달 이해 • 가정 건강성 강화	• 학교교육 이해 • 학교와 소통·협력 • 학교교육 참여 • 교육정책 이해	• 지역사회 이해 • 지역사회 활동 참여 • 가정-학교-지역사회 연대

와 가정의 역할을 이해하며, 부모-자녀 간 건강한 관계를 정립한다. 둘째, 자녀의 균형있는 성장에 필요한 지식, 정서, 건강과 사회성을 이해한다. 셋째, 자녀의 친우관계를 포함한 원만한 대인관계를 유지·발전시킬 수 있는 환경을 조성하고, 성장하면서 발생하는 다양한 문제에 능동적으로 대처한다. 넷째, 교사 및 지역사회와 연계하여 학교교육의 질을 높이기 위한 방법을 이해하고 협조한다. 다섯째, 자녀를 미래의 전인적 인재로 육성하기 위한 국가의 교육제도 및 교육행정기관의 교육정책을 이해한다(교육부, 2013)."

이상의 학부모교육의 목표가 앞서 설정한 학부모교육의 영역별로 어떻게 구체적으로 구현될 수 있는지 살펴보도록 한다. 이 부분에서는 학부모교육의 영역을 크게 가정, 학교, 지역사회로 구분하고, 각 영역별로 자녀의 발달단계에 따라 '유치원 자녀기-초등학교 자녀기-중학교 자녀기-고등학교 자녀기'로 나누어 학부모교육의 목표와 내용을 설정할 것이다.

(1) 가정영역의 학부모교육 목표와 내용

가정영역의 학부모교육은 부모 자신의 역량 강화, 자녀의 발달특성 이해, 가정 건강성 강화를 교육목표로 설정할 수 있다. 학부모는 자녀양육 및 건강한 가정을 구축하는 데 필요한 지식과 태도, 문제해결 능력을 습득하여, 자녀의 적절한 적성과 진로 발견을 돕고, 개인적·사회적 관계를 원만하게 이끌어, 자녀가 학교와 사회에서 자아를 실현하고 행복한 삶을 영위할 수 있도록 이끌어주는 존재이다.

학부모가 부모의 역할을 제대로 하기 위해서는 우선 스스로 역량을 갖춘 부모가 되어야 한다. 이러한 이유로 '부모역량 강화'가 학부모교육의 출발점이 되어야 한다.

> **가정영역의 학부모교육 목표**
> ① 부모 자신의 역량 강화
> ② 자녀의 발달특성 이해
> ③ 가정 건강성 강화

자녀의 올바른 성장을 위해서는 자녀의 역할모델이 되는 부모가 건전한 교육관과 자녀관을 가져야 할 것이다. 부모들 스스로도 가장 좋은 가정교육 방법은 부모가 모범을 보이는 것이라고 생각하고 있으며, 부모교육이 자신을 성찰하게 하고, 부모-자녀 관계를 회복시키며, 자녀와의 대화를 가능하게 할 수 있다고 하였다(진미정 외, 2012). 자기성찰을 통해 부모 스스로가 자존감과 효능감이 있는 건강한 성인으로 거듭나고, 부모로서 건강한 교육관을 확립하여 모범을 보이는 것이 학부모교육의 시작임을 확인할 수 있다.

부모 자신의 역량 강화와 함께 중요한 가정영역의 학부모교육 목표는 '자녀 발달의 이해'이다. 학부모는 자녀의 균형있는 성장에 필요한 지식, 정서, 건강과 사회성을 이해하고 이를 실천하는 태도와 능력을 함양해야 한다. 이를 위해서는 기본적으로 자녀발달에 대한 이해가 필수적으로 요구된다. 자녀의 인지, 사회정서, 신체발달에 대한 기본적 이해를 기반으로 부모도 자녀와 함께 성장해나가야 하는 것이다. 발달 단계에 따른 발달과업을 이해하고, 발달과업의 성공적인 이행을 위한 부모의 역할을 숙지할 필요가 있다.

또한 자녀발달단계에 따라 올바른 생활습관을 형성하고, 원만한 친구관계를 유지하고 발전시키기 위해서 가정에서 부모가 어떠한 역할을 해야 하는지에 대해 이해하고, 이에 필요한 지식, 태도, 능력을 함양하는 것이 자녀와 함께 성장하는 능동적인 부모라 할 수 있다. 뿐만 아니라 자녀 발달의 중요한 환경인 친구들과의 또래문화, 특히 청소년문화에 대한 이해가 매우 중요하다. 청소년의 문제행동(따돌림, 학교폭력, 성폭력, 우울과 자살충동, 게임중독, 음주 및 흡연 등)을 예방하고 대처하기 위한 방안을 파악하는 것 또한 자녀의 발달과 성장을 이해하기 위해 필요한 내용이다.

가정영역의 마지막 교육목표는 '가정건강성 강화'이다. 가정영역의 학부모교육 목표는 '부모역량 강화 → 자녀발달 이해 → 가정건강성 강화'의 순으로 진전된다. '건강가정'이란 기본적으로 물적 토대인 가정의 경제적 안정과 안정적인 의식주 생활을 바탕으로, 가족 간 민주적이고 양성평등한 관계를 가지며, 열린 대화를 하고, 휴식과 여가를 공유하고, 자녀의 성장발달을 지원하고, 합리적인 자원관리와 가족역할공유가 가능한 가정이다. 또한 일과 가정을 조화시키면서 건강한 시민의식과 자원봉사활동 참여 등으로 지역사회와 연결될 때, 나아가 건강한 가정생활문화를 유지하고 창

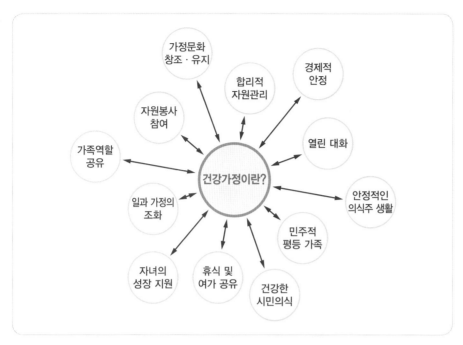

그림 3-8 건강가정의 구성요소
자료: 조희금 외(2013). 건강가정론 제3판. p.38.

조하는 때를 의미한다(조희금 외, 2013).

건강가정은 가족관계, 가정역할, 사회와의 관계, 가정문화 등에서 건강성을 유지하고 발전시키는 가정이다. 가정의 건강성은 가족이 함께 시간을 공유하고 서로 대화를 통해 소통하면서 가족 간 애정과 유대감을 증진시키려고 노력할 때 가능하며, 이로써 가족 고유의 정체감과 문화를 형성하게 된다.

(2) 학교영역의 학부모교육 목표와 내용

학교영역에서는 학교교육활동의 전반적 이해, 교사와의 소통과 협력, 학교교육에의 참여, 교육정책에 대한 이해가 학부모교육의 목표가 된다. 학교영역의 학부모교육의 첫번째 목표는 '학교교육활동의 이해'이다. 이는 정규교육활동에 대한 이해와 방과후·주말 프로그램에 대한 이해, 학부모지원정책에 대한 이해 등을 포괄하는 내용으로 학교교육 전반에 대한 이해를 도모하기 위한 것이다.

학교영역의 학부모교육 목표 ∥ 학교영역에서는 학교교육활동의 전반적 이해, 교사와의 소통과 협력, 학교교육에의 참여, 교육정책에 대한 이해가 학부모교육의 목표가 됨.

학교영역에서의 학부모교육은 교육부에서 추진하고 있는 학부모지원정책의 일환이라 할 수 있으므로, 2009년부터 본격적으로 추진된 학부모지원정책의 목표와 추진전략, 추진과제 등에 대한 이해를 기본으로 해야 한다. 학부모지원정책은 학부모와 함께 만들어가는 행복한 교육공동체를 비전으로 추구하며, 구체적인 추진과제로 학부모 자녀교육역량 제고, 가정과 학교와 소통 활성화, 학부모의 교육참여확산, 학부모지원기반 강화 등을 포함한다. 학부모지원정책의 대상인 학부모가 정책의 방향과 과제 등을 구체적으로 파악하고, 정책수혜의 주체로서 역량있는 학부모가 되는 것이 학교영역의 학부모교육의 출발이 되어야 할 것이다(교육과학기술부, 2013).

두 번째 목표는 학교와의 소통과 협력이다. 이는 자녀의 학교적응에 있어 무엇보다 중요한 역할을 한다는 점에서 학부모교육의 필수 목표이다. 교사와 학부모는 자녀교육의 동반자로 서로 소통하고 협력해야 한다. 학부모는 자녀의 교육 및 진로 등에 대해 교사와 정기적으로 면담하면서 학교와 교사의 교육관 및 교육방침을 이해하고자 노력해야 한다. 학교폭력이나 따돌림 등 학교부적응이나 학습부진 같은 문제 상황이 발생할 경우에는 수시로 교사와 협의하면서 자녀의 적응을 도모해야 한다.

앞서 학부모지원정책의 추진과제에서 제시된 바와 같이 가정과 학교의 소통을 활성화하기 위해 학부모 정보제공 강화, 학교설명회 활성화, 학부모상담 내실화 등의 정책이 추진되고 있다. 구체적으로는 학기별 1회 이상 학부모상담주간을 운영하고, 상담예약제, 일과 후 상담 실시 등으로 학부모의 편의를 위한 노력을 하고 있다(교육과학기술부, 2013). 학부모는 학부모상담, 학교설명회, 수업 공개, 교원능력개발평가 학부모만족도 조사, 이메일 면담, 찾아가는 자녀교육상담 등 다양한 방법으로 교사와 학교와 소통할 수 있는 방법을 찾아 적극적으로 소통해야 한다.

세 번째 목표는 학교교육에의 참여이다. 학부모는 학교와 학생을 위해 다양한 형태의 교육기부 및 자원봉사 활동에 참여할 수 있다. 또한 학부모회나 학부모단체를 통해 학교교육활동 지원에 참여하거나, 학교운영위원회와 같이 학교의 의사결정에 참여하는 등 다양한 활동을 할 수 있다. 따라서 학교는 교육기부나 자원봉사, 학부모회나 학부모단체, 학교운영위원회 등 학부모의 적극적인 참여를 독려할 수 있도록 다양한 참여활동이나 방법을 소개하며, 관련 제도나 프로그램에 대한 정보를 안내해야 한다. 무엇보다 학부모가 교사, 학생과 함께 교육공동체의 일원이라는 점을 인식하고 주체적으로 학교교육에 적극적으로 참여해야 한다. 학교교육에의 참여를 위해서는 학부모의 학부모교육에 대한 인식과 이해가 필수이다.

네 번째 목표는 교육정책에 대한 이해이다. 이는 교육제도 및 교육부·교육청의 교육정책에 대한 이해를 말한다. 교육정책은 학교교육 및 제도뿐 아니라 가정에서의 자녀교육에도 영향력을 미치므로 이에 대한 이해가 필수적이다. 학부모의 권리와 책임을 알고, 학부모로서 역할과 기능을 충실히 하기 위해서도 교육정책에 대한 이해가 기반이 되어야 한다. 구체적으로는 유아교육이나 보육정책에 대한 이해에서부터 초중등교육, 입시정책 및 대학교육, 진로교육에 이르기까지 교육정책의 기본 방침과 방향을 이해하고, 변화의 흐름을 파악할 수 있어야 한다. 뿐만 아니라 자녀교육에 영향을 미치는 아동이나 청소년 관련 정책, 교원 정책, 가족 관련 정책, 교육복지정책 등의 유관정책도 함께 이해할 필요가 있다.

(3) 지역사회영역의 학부모교육 목표와 내용

지역사회영역의 학부모교육은 가정과 학교에 국한된 좁은 의미의 학부모역할에서 한 발 더 나아가 지역사회에서 공동체의 일원으로 학부모역할을 확대한다는 의미에서 교육영역에 포함된다. 구체적으로 지역사회영역의 학부모교육은 지역사회에 대한 이해, 지역사회 활동 참여, 가정–학교–지역사회 연대를 목표로 구성된다.

첫 번째 목표는 가정과 학교를 둘러싼 환경인 지역사회를 이해하는 것이다. 지역사회는 일정한 지리적 경계를 가진 공간과 그 안에 사는 사람들로 구성되며, 그 안에 사는 사람들은 소속감이나 정체감을 공유한다(노신애·진미정, 2013). 지역사회는 개별 가정과 단위학교를 둘러싼 삶의 터전으로 다양한 요구와 자원이 존재한다. 건강한 지역사회는 아동과 가정의 다양한 활동과 생활을 지원하는 반면, 건강하지 못한 지역사회는 가정이 아동·청소년을 과잉보호하도록 만들며, 외부활동을 제약함으로써 균형 있는 사회·정서발달이 이루어지지 못하게 한다(UNICEF, 1996).

건강하고 안전한 지역사회를 만드는 것은 지역사회 구성원 전체의 책임이며 역할이다. 지역사회영역의 학부모교육은 가정과 학교를 둘러싼 지역사회 환경으로써의 공동체로서의 의미와 역할을 이해하는 것에서부터 시작된다. 학부모는 지역사회의 요구와 자원을 파악하고, 적극적으로 요구에 대응하며 참여의식을 함양해야 한다.

> **지역사회영역의 학부모교육** ‖ 가정과 학교에 국한된 좁은 의미의 학부모역할에서 한 발 더 나아가 지역사회에서 공동체의 일원으로 학부모역할을 확대한다는 의미에서 교육영역에 포함됨.

궁극적으로 지역사회에의 참여는 가정과 학교에서의 교육목표 달성에 도움이 된다.

두 번째 목표는 지역사회활동에 참여하는 것이다. 학부모는 다양한 지역사회활동을 파악하고, 구체적인 지역사회활동 참여해야 한다. 내 자녀가 속한 학교에서의 교육기부나 자원봉사의 범주를 넘어서서 내 자녀가 속한, 우리 가정이 속한 지역사회에 참여하는 것이다. "한 아이를 키우는 데 온 마을이 필요하다."라는 속담과 같이 자녀의 올바른 성장과 발달을 위해서는 부모, 가정, 학교, 지역사회가 하나의 목표를 가진 교육공동체로 발맞춰나가야 한다.

지역사회활동 참여를 위한 학부모교육에서는 실제 지역사회활동에 참여할 수 있는 다양한 사례와 정보를 소개하는 것이 구체적인 교육내용이 될 것이다. 서울의 성미산마을, 부산의 반송마을, 부천의 고강동마을, 전북의 장수마을 등 민간 차원의 마을 만들기 사례(공동육아와 공동체마을, 2009)를 통해 지역사회 활동의 과정과 내용, 요소를 살펴보는 것도 교육의 한 예가 될 수 있다. 또한 지역사회 활동의 장을 제공하는 다양한 기관(마을학교지원센터, 학부모지원센터, 건강가정지원센터, 지역사회교육협의회, 청소년상담복지센터 등)에 대한 정보도 학부모들의 지역사회 활동 참여를 독려하는 요인이 될 것이다.

마지막 목표는 가정-학교-지역사회 간 연대이다. 이는 교육공동체 의식을 가진 학부모가 교육공동체의 일원이 되어 조직적인 활동을 하는 것이다. 교사들의 의견을 대변하는 교원단체가 있듯이 학부모들의 목소리를 모아주고 키우는 학부모연대조직이 필요하다. 가정-학교-지역사회 연대는 교육의 궁극적인 목표달성의 기반이 될 것이며, 지역공동체 활성화에도 기여할 것이다. 이러한 연대는 교육의 질 향상을 위해 단위학교의 권한과 책임을 증가시킨 학교단위책임경영제School-Based Management, Site-Based Management의 핵심적 이념과도 맥을 같이하는 만큼 학부모교육의 주요영역으로 포함될 필요가 있다.

지역사회영역의 학부모교육의 사례로 경기도 수지에 있는 느티나무도서관의 '동네아빠워크숍'을 들 수 있다. 느티나무도서관은 도서관운동을 펼치는 민간비영리공익법인의 사립공공도서관으로 '공공성', '지적 자유', '커뮤니티'의 3가지 미션과 가치를 실현하기 위해 다양한 사업을 펼치고 있다. 느티나무도서관의 사례는 도서관이 만남과 소통, 어울림의 장으로서 지역사회 커뮤니티 형성에 기여할 뿐만 아니라 학부모교육의 장이 될 수 있음을 보여준다. 이 도서관은 '동네엄마워크숍'이나 '동네아빠워크숍' 등의 제목으로 지역주민을 위한 학부모교육을 시행한다. 이러한 학부모교육은 학부모의 학교에 대한 직접적인 부담 없이 자유로운 환경에서 자발적으로 참여할 수 있는 교육기회를 제공할 뿐만 아니라, 지역사회에 대한 소속감, 지역사회 내 아동에 대한 책임감 발달의 기회를 제공한다는 점에서 의의가 있다.

'가정-학교-지역사회' 단위의 학부모교육의 목표를 다시 한 번 정리하면 그림 3-9와 같다. 가정영역에서는 부모역량 강화, 자녀발달 이해, 가정의 건강성을 강화시키며, 학교영역에서는 학교교육 이해, 학교와의 소통과 협력 증진, 학교교육 참여, 교

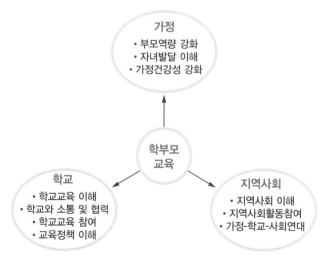

그림 3-9 가정-학교-지역사회의 학부모교육 목표

육정책 이해를 목표로 한다. 마지막으로 지역사회영역에서는 지역사회 이해, 지역사회 활동 참여, '가정-학교-지역사회'의 연대 구축을 목표로 한다.

이러한 목표 하에 가정-학교-지역사회영역의 구체적인 학부모교육의 내용을 정리하면 표 3-4와 같다. 이러한 구체적인 내용들을 모두 포괄하기 위해서는, 자녀의 발달단계에 따라 심화되는 학부모교육과정과, 체계적이고 유기적인 교육 프로그램을 구성해야 한다.

표 3-4 가정-학교-지역사회영역의 학부모교육 목표와 내용

영역	목표	내용
가정	부모역량 강화	• 부모됨의 의미와 중요성 이해 • 부모의 자기성찰을 통한 자존감 확립 및 잠재력 개발 • 부모효능감 향상과 건강한 자녀교육관 확립
	자녀발달 이해	• 자녀의 인지, 사회정서, 신체 발달에 대한 기본적 이해 • (발달단계별 발달 과업과 성공적 이행을 위한 부모의 역할 숙지) • 자녀의 심리와 정서 이해, 부모-자녀 간 긍정적 관계 형성 • 자녀 건강과 운동, 신체발달 이해, 자녀 건강증진 방법 숙지 • 자녀의 인지발달, 다중지능에 대한 이해, 자녀 특성에 따른 효과적인 학습지도 방안 탐색 • 자녀의 친구관계와 또래집단 문화에 대한 이해, 상호이해, 존중, 배려 등의 기본적 인성요소 함양 • 자녀의 올바른 생활습관 형성을 코칭방법 습득 • 청소년기 반사회태도 이해, 청소년 문제 예방 및 대처방안 파악
	가정건강성 강화	• 건강가정의 기본 요소와 건강한 가정의 중요성 이해 • 건강한 부부관계 형성과 부부간 역할 균형과 공유 • 가족 간 서로 경청하고 소통하는 효과적인 대화 방법 습득 • 가족의 유대감 형성을 위한 가족공유시간의 중요성 인식 • 가족이 함께 모여 식사하며 대화하는 밥상머리교육 이해 • 가족단위의 다양한 체험활동 기획
학교	학교교육 이해	• 자녀의 학교교육과정 전반에 대한 이해 • 학습지도 및 생활지도에 대한 학부모코칭 방법 습득 • 미래 사회 예측 및 자녀의 꿈과 적성에 맞는 진로지도 • 입시제도의 변화와 전망, 입학사정관제에 대한 이해
	학교와의 소통 및 협력	• 학교와의 소통과 협력의 중요성 이해 • 교육 정보 및 교사와 소통 채널 파악 및 활용 • 학교설명회나 교사면담 등 교사와의 소통에 적극적 참여 • 문제상황(따돌림, 학교폭력, 게임중독, 일탈행동 등) 예방과 대처에 대한 교사와의 소통과 협력 방안

(계속)

영역	목표	내용
학교	학교교육 참여	• 교육기부(자원봉사)에 대한 이해와 능동적 참여 • 학부모회나 모니터링 등 학교교육활동 지원에의 참여 방법 • 학교운영위원회 등 학교운영 관련 의사결정에의 참여 방법
학교	교육정책 이해	• 교육제도 및 교육정책에 대한 이해 • 학부모지원정책에 대한 이해 • 유관 정책에 대한 이해와 관련성 파악
지역 사회	지역사회 이해	• 지역사회에 대한 이해와 지역사회의 영향력 인식 • 지역사회의 요구와 자원을 파악
지역 사회	지역사회 활동 참여	• 다양한 지역사회 활동 파악 • 지역사회활동의 참여 정보 및 참여 연계
지역 사회	가정–학교–지역사회 연대	• 학부모 위상의 재정립 및 학부모 연대 의식 함양 • 가정–학교–지역사회 간 파트너십 형성 및 지역사회 자녀교육문제에 공동으로 대처 • 내 자녀와 내 자녀의 학교를 뛰어넘는 지역사회내의 우리 자녀를 함께 키우는 지역공동체 학부모 의식 함양 및 지역공동체 학부모 활동 참여

학부모교육 프로그램의 개발

04

학부모교육
프로그램의 개발

프로그램이란 한 조직의 명확한 목표달성을 위하여 수행하는 행동계획으로 실행내용, 실행주체, 실행시기, 실행수단과 자원에 대한 세부사항을 포함한다. 비영리 프로그램에 대한 정의를 살펴보면 학부모교육 프로그램의 정의는 더욱 명확해진다. 프로그램은 한 공동체 내의 특정한 대상 집단에게서 분명하고 구체적인 결과를 얻어냄으로써 공동체의 확인된 요구를 만족시키기 위하여 실행하는 통합된 서비스 전체를 가리킨다(McNamara, 2006). 학부모교육 프로그램은 학부모를 대상으로 학부모교육의 목적을 이루기 위하여 실행하는 모든 서비스의 내용과 체계를 의미하는 것이다.

1 학부모교육 프로그램의 기본전제

학부모교육 프로그램은 부모교육 프로그램과 달리 학부모를 대상으로 한다. 다시 말해 학부모교육은 자녀를 교육기관에 맡긴 부모를 대상으로 이들이 필요로 하는 내용을 중심으로 교육이 이루어진다. 앞서 제시한 학부모교육의 목적을 이루고 그 실행체계인 프로그램을 효과적으로 개발 및 운영하기 위해서는 다음과 같이 학부모교육 프로그램의 기본전제를 확인할 필요가 있다. 기본전제는 프로그램의 내용과 구성으로 구분하여 제시할 수 있다.

1) 학부모교육 프로그램 내용의 기본전제

학부모교육 프로그램의 내용을 구성할 때에는 다음의 사항을 고려할 필요가 있다. 첫째, 프로그램의 대상자인 학부모의 요구와 필요에 부응하는 내용이어야 한다. 둘째, 자녀 이해를 기초로 한 학부모역량 강화에 중점을 두어야 한다. 셋째, 학부모의 권리와 의무의 측면에서 사회적 역할을 수행할 수 있도록 돕는 내용을 포함해야 한다. 학부모교육 프로그램의 기본전제를 구체적으로 살펴보면 다음과 같다.

> **학부모 프로그램 내용의 기본전제**
> ① 학부모의 요구에 부응하는 프로그램을 제공함.
> ② 자녀에 대한 명확한 이해를 기초로 한 학부모 역량강화를 전제로 함.
> ③ 학부모가 공동체를 위한 사회적 역할을 수행할 수 있도록 도움.

(1) 학부모의 요구에 부응

프로그램은 궁극적으로 대상자의 만족을 목표로 한다. 프로그램이 끝난 후 참여한 대상자들의 의식, 태도, 행동에 변화가 있을 때 프로그램을 효과적이라고 평가할 수 있을 것이다. 따라서 학부모교육 프로그램의 대상자인 학부모의 요구에 부응하는 프로그램을 구성하는 것이 프로그램 개발의 중요한 전제가 된다. 프로그램 계획 단계와 실행 단계에서 프로그램 운영자의 관점에서 필요하다고 판단한 특정한 내용의 학부모교육 프로그램을 구성할 수 있지만 실행과정 중에 변경이나 수정이 불가능한 것은 아니다. 프로그램을 둘러싼 환경을 고려하여 탄력성 있게 계획하고 실행할 필요가 있는데, 이때 가장 중요한 것은 학부모의 요구이다.

학부모는 균일한 특징을 가진 집단이 아니며 경제수준, 가구특성, 취업여부 등에 따라 다양한 특성을 가진다. 또한 자녀의 학교급, 거주지역, 개인적 특성에 따라 학부모가 갖는 요구도 다양하다. 따라서 학부모의 다양성과 차이를 고려하여 학부모교육 프로그램을 제공하는 것이 중요하다. 프로그램의 수요자인 학부모 집단의 특성에 따라 프로그램이 결정될 수 있으며, 학교와 지역사회 자원이 활용 가능한 범위에서 학부모교육 프로그램을 실행할 수 있다. 따라서 프로그램의 계획과 실행에서 다음과 같은 맥락을 고려할 필요가 있다.

(2) 학부모의 역량 강화

학부모교육 프로그램의 내용은 학부모가 부모로서의 역량을 강화하여 자녀가 공동체의 한 구성원으로서 행복하게 성장할 수 있도록 돕는 것이어야 한다. 학부모교육 프로그램이 학부모의 요구에 민감하게 반응하는 것 역시 중요한 전제이지만, 학부모의 요구가 단순히 부모 개인의 자아실현 욕구에서 비롯되는 것은 아니다. 학부모 자신이 자녀교육에서 가장 가치를 두는 영역에서 부모의 역할을 성공적으로 수행하기 위하여 부모로서의 역량을 강화하고자 할 때 학부모교육 프로그램은 이러한 학부모의 요구에 부응하여 적절한 자녀양육 지식과 기술을 제공할 수 있다. 자녀교육의 궁극적인 목표가 부모 개인의 가치에 의해서 좌우될 수는 없으며, 사회라는 공동체 안에서 자녀가 바른 인성을 가지고 건강하게 성장하도록 교육할 부모로서의 책임(교육기본법 제13조) 또한 간과되어서는 안 된다. 따라서 학부모교육 프로그램은 자녀의 건강한 발달과 적응을 위하여 발달적 관점에서 자녀를 명확히 이해하고, 학부모들이 자신의 역할을 수행할 수 있도록 지원해야 한다.

(3) 학부모의 사회적 역할 수행 지원

행복한 교육공동체, 행복한 사회를 만들어나가는 데 학부모가 의미있는 역할을 할 수 있도록 지원하는 프로그램을 제공해야 한다. 학부모교육 프로그램을 학부모 개인과 그의 자녀만을 위한 일차적인 지식제공이나 기술훈련으로 한정하는 것은 학부모교육의 궁극적인 목적과는 배치된다. 내 자녀를 위한 학부모로서의 성장에서 더 나아가 내 아이, 우리 아이들을 위한 교육환경을 만들어야 한다. 안전한 사회, 행복한 사회를 만드는 것이 내 아이, 우리 아이의 행복을 보장하고 학부모로서의 권리와 의무를 다하게 한다. 이를 위해서 학부모교육 프로그램은 학부모 개인을 대상으로 한 미시적인 교육 프로그램을 지양하고 학교, 지역사회와 연계하여 학부모가 수동적 교육대상이 아닌 능동적 깨달음의 주체가 될 수 있는 프로그램을 제공해야 한다.

2) 학부모교육 프로그램 구성의 기본전제

학부모교육 프로그램을 효과적으로 실행하기 위해서는 프로그램의 준비, 계획, 실행, 평가 전반에 걸쳐 다음과 같은 전제를 고려할 필요가 있다. 먼저 프로그램의 유연성과 개방성을 견지해야 한다. 그리고 프로그램의 대상에 학부모뿐만 아니라 자녀, 가족, 교사, 지역사회 구성원 모두를 포함할 수 있다. 마지막으로 효과적으로 프로그램을 진행하기 위하여 다양한 프로그램 운영기관 간 협력과 파트너십이 필요하다. 이러한 기본전제를 상세히 살펴보면 다음과 같다.

> **학부모교육 프로그램 구성의 기본전제**
> ① 프로그램 개발의 전 과정에서 프로그램 유연성, 개방성을 견지함.
> ② 학부모교육의 대상으로 학부모, 자녀, 가족, 지역사회 모두를 포함함.
> ③ 다양한 학부모교육 프로그램 운영기관 간 협력과 파트너십이 필요함.

(1) 프로그램의 유연성·개방성을 고려

프로그램 계획 시 다양한 요소를 파악하고 이를 반영하여 훌륭한 프로그램을 구성했다 하더라도, 모든 프로그램이 계획대로 실행되지 않을 수도 있다. 참여자의 요구변화, 환경변화 등 프로그램이 진행되는 가운데 상황이 변화하면 계획된 프로그램의 수정을 고려해야 한다. 이것은 전면적인 수정을 의미하는 것은 아니다. 프로그램의 제공자는 효율적인 프로그램 실행을 위해 진행 중 수시로 평가를 진행하여 이러한 변화에 적절하게 대응하며 프로그램을 조정해야 한다. 표준화된 학부모교육 프로그램이라 할지라도 프로그램을 실행하는 현장의 요구와 필요에 대응하여 유연성과 개방성을 지녀야 한다.

(2) 프로그램의 대상 확대

학부모교육의 대상은 학부모만이 아니고 학부모가 역할을 수행할 때 상호작용하는 대상, 즉 자녀, 가족, 학교 구성원, 지역사회를 모두 포함한다. 지금까지 학부모교육 프로그램은 학부모교육이 부모가 자녀를 양육하는 데 긍정적인 영향을 미칠 것이라는 전제하에 실행되었다. 학부모를 교육하면 자녀교육의 질이 좋아지고 자녀는 이러한 부모의 영향을 받아 발달과 적응에서 긍정적인 결과를 얻을 것이라고 믿었던 것이다. 그러나 학부모교육 프로그램이 지나치게 학부모에만 초점을 맞추면 자녀의 발달과 적응의 결과에 영향을 미치는 다른 요인, 예를 들어 가족관계, 또래관계, 학교생활, 대중문화 등을 간과할 수 있다. 이러한 요인들은 학부모와 자녀 간 관계에 영향을 미칠 수 있다. 실제로 자녀가 부모에게 보이는 행동이나 반응은 학부모의 자녀교육 태도와 방식에 바로 영향을 미쳐 부모-자녀관계를 변화시키기도 한다. 따라서 학부모교육 프로그램은 자녀뿐 아니라 가족을 포함했을 때 그 효과를 높일 수 있으며, 학교에서 실행되는 경우 교사도 학부모교육 프로그램 대상에 포함해야 한다.

학부모교육 대상을 선정할 때 학부모의 특성과, 그 가정이 가진 특성까지 고려하여 가정의 특정한 위험요소에 초점을 맞추어 프로그램을 진행하는 경우도 있다. 예를 들어 맞벌이가족, 한부모가족, 다문화가족, 조손가족 학부모를 위한 학부모교육 프로그램의 경우 학부모 특성과 그들이 경험할 수 있는 위험요인에 초점을 맞추어 이를 지원하는 프로그램에 집중함으로써 교육효과를 높일 수 있다. 이외에도 자녀가 가진 문제행동 수정을 위하여 자녀와 함께 학부모를 대상으로 하는 학부모교육 프로그램을 실행함으로써 프로그램의 효과를 높일 수 있다.

(3) 학부모교육 주체 간 협력과 파트너십

학부모교육 프로그램은 학교, 지역사회 유관기관 등 다양한 현장에서 실행할 수 있다. 효과적인 프로그램을 진행하기 위해서는 다양한 주체 간 협력과 파트너십이 필요하다. 프로그램을 준비하는 과정에서 해당기관이 가진 자원뿐 아니라 다른 대상, 기관 등 지역사회와 협력이 가능한지 모두 고려할 필요가 있다. 이러한 네트워크와 네트워크를 활용할 수 있는 역량도 해당 기관과 프로그램 운영자가 가진 자원이 될 수 있다.

간혹 지역특성에 따라 전문성을 가진 학부모교육 전문가를 프로그램 운영자나 강사로 섭외하기 어려운 경우가 있다. 그러므로 지역교육청이나 자원봉사센터, 건강가정지원센터와 네트워크를 구축하여 훌륭한 강사풀을 공유하는 체계를 마련할 필요가 있다. 또한 학교의 경우에는 교장의 지원을 토대로 학부모 강사나 지역사회 인사를 초빙함으로써 가정과 학교, 지역사회와의 협력을 이룰 수 있다.

2 학부모교육 프로그램 개발

학부모교육 프로그램은 일반적인 교육 프로그램의 개발 절차에 따라 개발이 이루어진다. 학부모교육 프로그램의 개발 절차를 단계별로 제시하면 준비, 계획, 운영, 평가로 나눌 수 있다(그림 4-1 참조). 프로그램은 개발 단계에 따라 순차적으로 이루어지지만 각 단계의 내용이 서로 상호작용하면서 구성·실시된다.

프로그램 준비 단계에서는 어떠한 프로그램이 누구에게 필요한지, 그러한 프로그램을 실행할 만한 충분한 자원이 있는지, 어떠한 방식으로 프로그램을 실행할 수 있을지, 환경과 맥락에 대한 충분한 조사와 평가가 필요하다. 이후 조사 결과를 토대로 프로그램의 계획 단계에서 대상, 목표, 내용을 선정하고 구체적인 실행방식을 계획하며 프로그램 과정과 종결 시 평가에 대한 계획을 수립한다.

프로그램에 운영 단계에서는 프로그램에 대한 홍보와 참여자 모집을 시작하고 계획에 따라 프로그램을 운영하며 최종적으로 프로그램에 대한 평가를 실시한다. 각 단계의 세부 내용을 구체적으로 살펴보면 다음과 같다.

1) 학부모교육 프로그램의 준비

학부모교육의 목적을 이루기 위해서 필요한 내용과 체계를 실행하는 것이 학부모교육 프로그램이다. 효과적인 학부모교육 프로그램을 계획하고 실행하기 위해서는 프로그램 계획 이전에 프로그램 운영자, 대상자, 이들을 둘러싼 사회적 환경, 즉 맥락을 면밀히 살피고 고려할 필요가 있다. 프로그램 준비 단계에서의 충분한 정보 수집과

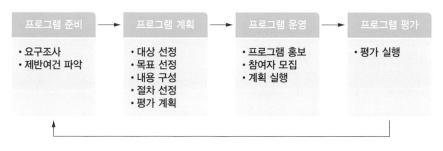

그림 4-1 학부모교육 프로그램 개발 단계

환경에 대한 평가는 효과적인 프로그램 계획에 영향을 미치며 성공적인 프로그램의 기초가 된다.

(1) 요구조사

프로그램 운영자, 즉 운영 기관에서는 프로그램의 기본방향을 설정하기 위하여 해당 기관의 학부모 특성, 학부모 요구, 학부모에 대한 사회적 요구 등에 대하여 객관적인 분석을 해야 한다. 이러한 분석결과를 기초로 학부모가 필요로 하는 학부모교육 프로그램, 해당기관에서 실행 가능한 프로그램을 개발할 수 있을 것이다. 프로그램 운영자는 학부모 요구도 조사와 학부모에 대한 사회적 요구, 사회적 이슈를 확인할 필요가 있다.

◉ 학부모 요구조사

학부모의 가족 특성, 어머니의 취업여부, 자녀의 학교급, 자녀의 발달단계 등에 따라 학부모의 요구가 다를 수 있다. 학부모교육에 적극적으로 참여하는 학부모, 학부모교육 참여 경험이 없는 학부모의 요구에도 차이가 있을 수 있다. 따라서 학부모 집단의 특성을 고려한 맞춤형 학부모교육 프로그램을 계획해야 하는데 이때 학부모 요구도 조사를 중요한 자료로 활용할 수 있다. 이로써 학부모교육 프로그램에 대한 만족도를 높일 수 있고, 프로그램 운영자 입장에서도 프로그램의 목표를 효과적으로 달성할 수 있다.

학부모 요구조사를 위해서 다음의 예시와 같이 설문지를 구성할 수 있다. 교육기관 이외의 기관에서 학부모교육 프로그램을 위하여 학부모의 요구를 조사하는 경우에는 이미 나온 전년도의 학부모교육 프로그램 성과와 문제점을 평가하고 이를 프로그램 계획 단계에 반영할 수 있다.

요구조사의 항목은 다음과 같다.

- 학부모 특성에 대한 기초 자료
- 학부모교육 참여 경험
- 학부모교육 참여 의사

● 학부모교육 희망 주제

● 학부모교육 참여 희망 시간·기간

학부모 요구조사 설문지 예시 I

※ 다음은 저희 유치원에서 실시할 학부모교육(부모교육) 프로그램에 대한 부모님의 생각과
의견을 알아보는 질문입니다. 해당되는 번호에 표시하시거나 직접 기입해주시기 바랍니다.

1. 학부모교육을 받아본 경험이 있습니까?
    ① 있다.   ② 없다.

2. 문항 1에서 '있다'라고 답변했다면 어떤 내용의 교육을 받았는지 괄호 안에 써주시면 감사
    하겠습니다.
    (   )

3. 자녀에 대해 상담이나 교육을 받고 싶거나 걱정되는 점이 있다면 무엇입니까?
    ① 학습 문제   ② 심리·정서 문제
    ③ 행동 문제   ④ 또래 문제
    ⑤ 발달 문제   ⑥ 특별한 문제 없음

4. 유치원에서 실시하는 학부모교육 프로그램이 필요하다고 생각하십니까?
    ① 예   ② 아니오

5. 학부모교육 프로그램을 실시할 경우 참석할 의사가 있으십니까?
    ① 예   ② 아니오

※ 다음은 유치원에서 실시할 학부모교육 프로그램의 내용에 관한 질문입니다. 해당되는 번호
에 표시하시거나 직접 기입해주시기 바랍니다.

1. 부모님께서 가장 필요로 하는 학부모교육 프로그램은 무엇입니까? 2가지의 내용을 골라
    서 가장 필요한 순서대로 적어주십시오.
    (.   )
    ① 자녀를 이해하는 데 도움이 되는 내용(예: 영·유아의 발달 및 특성)
    ② 자녀를 양육하는 데 도움이 되는 내용(예: 훈육법, 인성 및 예절지도, 성교육, 편식 지
       도, 기본 생활습관 지도)
    ③ 자녀를 교육하는 데 도움이 되는 내용(예: 책·장난감 고르는 방법, 학습지 시키는 방
       법, 읽고 쓰기, 각종 예체능 특기교육)
    ④ 유치원에서의 교육을 이해하는 데 도움이 되는 내용(예: 교육과정, 하루 일과, 환경 구
       성, 자유 선택활동, 대·소집단 활동, 견학 및 행사)
    ⑤ 부모자녀관계 등 가족관계에 필요한 기술 관련 내용(예: 대화법, 부모 역할 훈련 등)

⑥ 부모의 취미 생활에 도움이 되는 내용(예: 꽃꽂이, 그림 그리기, 종이접기)

⑦ 부모간 친목을 도모하는 내용(예: 휴식 및 친목 도모)

⑧ 기타 (직접 적어주세요:)

※ 다음은 유치원에서 실시할 학부모교육 프로그램의 운영에 관한 질문입니다. 해당되는 번호에 표시하시거나 직접 기입해주시기 바랍니다.

1. 학부모교육 프로그램이 얼마나 자주 이루어지는 것이 좋다고 생각하십니까?

① 한 달에 1 번   ② 6개월에 1 번

③ 1년에 1번   ④ 기타 (   )

2. 1회의 학부모교육 프로그램 실시 시간은 어느 정도가 바람직하다고 생각하십니까?

① 40분   ② 1시간

③ 2시간   ④ 기타(   )

3. 학부모교육 프로그램을 진행하는 강사는 어떤 자격을 갖추어야 한다고 생각하십니까?

① 원장   ② 교사

③ 사회복지사   ④ 다른 학부모

⑤ 외부 강사(교수, 해당분야 전문가)   ⑥ 기타(직접 적어주세요 :   )

4. 학부모교육 프로그램 실시 방법 중 가장 선호하는 방법 2가지를 적어주십시오.

(,   )

① 강의   ② 토론

③ 워크숍   ④ 역할극

⑤ 관찰 및 현장학습

5. 학부모교육 프로그램에서 활용하면 좋은 자료 2가지를 적어주십시오.(,   )

① 소책자   ② 비디오

③ 워크북   ④ 사진

⑤ 실물   ⑥ 컴퓨터(파워포인트, 동영상 등)

6. 프로그램에 참석하기에 좋은 요일은 무슨 요일입니까? (요일)

7. 프로그램에 참석하기에 좋은 시간대는 언제입니까?

① 자녀가 기관에 있을 때   ② 자녀가 귀가한 후 오후 시간

③ 저녁식사 후 시간   ④ 기타(직접 적어주세요:)

8. 프로그램에 대한 안내는 어떤 방법으로 이루어지기를 바라십니까? 2가지를 선택해 주십시오. (,   )

① 전화   ② 쪽지

③ 전자우편   ④ 핸드폰 문자메시지

⑤ 자녀를 통한 안내문 전달

9. 프로그램에 참여하기 위하여 유치원에서 제공하기를 바라는 편의사항은 무엇입니까?

　① 어린 자녀 돌보기　　　　　　　② 간식 제공

　③ 교통 제공　　　　　　　　　　 ④ 기타(직접 적어주세요:　　　　　　　)

자료: 유아교육기관 요구도 조사 설문지 일부 발췌.

◉ 사회적 요구조사

학부모교육 프로그램의 운영자는 현재 학부모의 사회적 역할, 사회적 이슈를 통해 학부모교육 프로그램에서 학부모가 강화시켜야 할 요소를 확인할 수 있다. 이것은 프로그램을 제공하는 해당기관의 역할과 연계해서 볼 수 있다. 예를 들어 학교에서는 학부모가 학교와의 건강한 파트너십을 형성할 수 있도록 학부모 학교참여에 대한 내용을 학부모교육 프로그램에 필수적으로 포함시킬 수 있다. 만약 다문화가족 학부모 지원을 위한 학부모교육을 실시해야 한다면 다문화가족 학부모와 관련해서 나온 연구나 사회적 이슈를 고찰하고 이를 프로그램 계획에 반영해야 할 것이다.

학부모 요구조사 설문지 예시 II

안녕하십니까?

본교에서는 ○○○년 학부모교육 프로그램을 실시하기 앞서 보다 좋은 프로그램을 제공하기 위하여 학부모님들의 의견을 듣고자 합니다. 본 설문은 학부모교육 프로그램의 구성을 위한 것이므로 설문의 결과는 학부모교육 운영 목적 이외에는 절대로 사용되지 않습니다. 본교에서 실시하는 학부모교육 운영이 좋은 결실을 맺을 수 있도록 솔직한 답변 부탁드립니다. 감사합니다.

20○○. ○○. ○○

○○○○학교장

※ 해당 사항에 체크(√)하여 주십시오.

1. 귀하의 성별은?

　① 남　　　　　　　　　　　　　② 여

2. 귀하의 연령대는?

　① 20대　　② 30대　　③ 40대　　④ 50대　　⑤ 60대 이상

3. 현재 귀하의 자녀는?(중복 표기 가능) ※학교급별로 학년 수 항목 조정

    ① 1학년   ② 2학년   ③ 3학년   ④ 4학년   ⑤ 5학년   ⑥ 6학년

4. 귀하는 본교에서 실시한 학부모교육에 참여해보신 적이 있습니까?

    ① 있다.   ② 없다.

5-1. ('4번의 ①' 항목을 선택한 경우) 참여하셨던 학부모교육에 만족하셨습니까?

    ① 매우 만족   ② 만족

    ③ 보통   ④ 불만족

    ⑤ 매우 불만족

5-2. ('4번의 ②' 항목을 선택한 경우) 참여하지 않으셨다면 그 이유는 무엇입니까?

    ① 시간적인 여유가 없어서   ② 경제적인 문제 때문에

    ③ 교육의 필요성을 느끼지 못해서   ④ 학부모교육 프로그램의 홍보 부족 때문에

    ⑤ 기타(   )

6. 학부모교육에 참가하게 된 경로는 무엇입니까?

    ① 안내문(가정통신문, 포스터 등)   ② 홈페이지

    ③ 문자메시지   ④ 주위 사람들의 권유

    ⑤ 기타(   )

7. 앞으로 학부모교육에 참여하신다면 어느 정도의 기간이 알맞다고 생각합니까?

    ① 단기 특별 강의   ② 4주 과정

    ③ 8주 과정   ④ 10~12주 과정

    ⑤ 기타(   )

8. 학부모교육에 참여할 경우 1회 교육시간은 어느 정도가 적합하다고 생각합니까?

    ① 1시간   ② 1시간 30분

    ③ 2시간   ④ 3시간

    ⑤ 기타(   )

9. 학부모교육 프로그램에 참여할 경우 어느 시간이 알맞다고 생각합니까?

    ① 오전 10~12시   ② 오후 1~3시

    ③ 오후 3~5시   ④ 저녁 6~9시 토요일 오전이나 오후

    ⑤ 기타(   )

10. 다음은 학부모교육 중 자녀교육 역량 강화 부문에 대한 것입니다. 보기의 예를 참조하셔서 본교에서 개설되기를 희망하는 내용에 표시해 주십시오.

    ① 학습지도(예: 자기주도학습, 창의성 계발, 가정학습, 독서 및 글쓰기지도 등)

    ② 정보화지도(예: 웹 활용교육, 인터넷 및 게임중독 예방교육, 정보통신 윤리교육 등)

    ③ 인성지도(예: 학교폭력 예방 및 대처법, 성폭력 성추행, 가출 예방, 생명존중, 예절 지도 등)

    ④ 진로지도(예: 자녀교육관 정립, 대화법, 부모역할기법, 자녀 성격유형별 지도 등)

⑤ 교육정책 이해(예: 입학사정관제 등 대입전형 방법, 고교다양화에 따른 고교유형별 특징 등)

⑥ 기타(   )

11. 다음은 학부모교육 중 학교참여 전문성 향상 부문에 대한 것입니다. 보기의 예를 참조하셔서 본교에서 개설되기를 희망하는 내용에 표시해 주십시오.

① 학교교육 참여(예: 학교운영위원 교육, 자원봉사를 통한 학교교육 참여 방법 등)

② 학부모 리더교육(예: 학교 교육과정의 이해, 학교교육 관련 법령의 이해 등)

③ 교육정책 이해(예: 학교자율화에 따른 학부모의 역할 등)

④ 기타(   )

12. 본교 또는 다른 기관에서 실행된 학부모교육 중 재미있고 유익했던 강의가 있으면 강사를 추천해주세요.(알고 계신 사항만 기입해주셔도 됩니다.)

추천강사	휴대전화	강사소속기관	분야	교육장소

13. 본교에서는 역량 있는 학부모님을 학부모교육 강사로 모시고자 합니다. 본교 학부모교육 시 강사로 활동을 희망하시면 아래에 인적사항과 분야를 작성해주시기 바랍니다.

성명	휴대전화	자녀, 학년·반, 이름	분야	주요경력

14. 본교에서 주관하는 학부모교육의 질적인 발전을 위해 좋은 의견이나 제안이 있으시면 해주십시오.

설문에 답해주셔서 감사합니다.

자료: 전국학부모지원센터(2013). 학교 학부모 요구도 조사 질문지.

(2) 제반여건 파악

프로그램을 개발하기 위해서는 우선 프로그램 실행을 위한 제반여건을 파악해야 한다. 이러한 제반여건은 프로그램 제공자가 가진 자원과 환경뿐 아니라 프로그램에서 활용가능한 참여자의 자원과 환경을 모두 포함한다. 예를 들어 기존에 해당기관에서 실시했던 학부모교육 프로그램의 활용 가능성, 다른 학부모 유관기관과의 협력 가능성, 프로그램에서 활용할 수 있는 자원의 유무 등 프로그램의 주체인 해당기관이 가진 자원과 취약점, 연계 가능한 지역사회의 자원 등을 파악하면 학부모교육 프로그램을 계획 및 실행하는 데 반영할 수 있어 프로그램의 효율성을 높아진다.

2) 학부모교육 프로그램의 계획

학부모교육 프로그램 계획 단계에서는 기준에 따라 프로그램의 대상을 선정하고, 학부모교육의 목적을 토대로 프로그램의 목표를 선정한 이후에 가정, 학교, 지역사회 영역에서의 학부모 역할을 고려하여 프로그램의 내용을 구성한다. 이어서 프로그램 실행을 위한 구체적인 절차를 결정하고 프로그램에 대한 평가의 시기와 방법에 대해 계획을 수립한다. 세부적인 계획 수립의 절차는 다음과 같다.

(1) 대상 선정

> **학부모교육 프로그램 대상 선정** ‖
> ① 학부모 및 학생 자녀의 소속기관
> ② 학부모의 거주지역 특성
> ③ 학부모 및 학생 자녀의 문제·위험요인

학부모교육 프로그램을 계획할 때는 먼저 프로그램의 대상을 선정할 필요가 있다. 프로그램에 참여할 대상이 누구인지 명확해야 준비 단계에서 파악했던 자원과 환경에 대한 강점·약점 분석 결과를 토대로 프로그램 참여자를 위한 프로그램의 내용과 실행방식을 선정할 수 있기 때문이다. 대상을 선정할 때는 대상자의 소속기관, 거주 지역의 특성, 문제 및 위험요인에 따라 범위를 한정할 수 있다.

◉ 소속 기관에 한정하여 대상 선정

프로그램이 특정 기관에서 실시되고 해당 기관이 지향하는 학부모교육의 기본방향과 목표가 확립되어 있는 경우, 프로그램의 대상자를 기관에 소속된 아동·청소년의 부모 또는 기관에 소속된 학생 자녀를 둔 학부모로 한정하고 참여자를 모집할 수 있다.

◉ 거주 지역의 특성에 따라 대상 선정

프로그램을 실시하는 해당기관의 지리적 근접성은 학부모교육 프로그램 계획의 중요한 요소이다. 프로그램 제공기관 또한 지역의 학부모를 지원하기 위한 해당 지역의 공공기관, 지역 학교 등이 다수이므로 프로그램 대상을 지역 거주 학부모로 한정해서 모집할 수 있다.

◉ 문제·위험요인에 초점을 맞추어 대상 선정

프로그램 준비 단계에서 프로그램 제공기관의 자원, 역량, 특수성에 기초해서 특정한 문제에 대한 학부모교육으로 프로그램의 기본 방향을 정할 수 있다. 이러한 경우에는 프로그램 대상자를 지역민으로 한정하지 않는다. 대신 학부모의 특성을 반영하거나 학부모, 자녀 및 가족에게 특정한 위험요인이 존재하는 학부모와 가족을 지원하기 위해 프로그램의 대상을 한정해서 모집한다. 예를 들어 기관에서 실시하는 아버지 대상 프로그램, 저소득층 가정이나 한부모가족 학부모 대상 프로그램, 자녀의 문제 해결(인터넷 중독, 비행 등)을 지원하는 학부모교육 프로그램 등을 실시할 수 있다.

학부모교육 프로그램의 대상을 선정할 때는 학부모교육이 필요한 사회적 이슈, 해당 기관의 프로그램 실행역량을 검토한 결과를 토대로 위에서 제시한 프로그램 대상 선정의 기준에 맞추어 선정한다. 한 가지 기준에 집중할 수 있고, 여러 기준에 부합한 학부모를 선정할 수도 있다. 예를 들어 학교 내에 다문화가족 학부모 지원교육이 필요할 때 지역사회 유관기관의 협조를 받아 학교 내 다문화가족 학부모교육 프로그램을 진행할 수 있다(표 4-1 참조).

표 4-1 학교에서의 다문화 학부모교육 사례

교육기관	프로그램	교육내용	교육결과
대구구지 초등학교	다문화교육 프로그램 운영을 통한 기초학습능력 증진 및 문화정체성 형성	• 한글지도 • 한국문화 이해 • 상담활동 • 가족교류	• 한국어 능력 향상 • 한국문화 이해 증진 • 교류만족도 저조
경기미원 초등학교	다문화가족 학부모와 연계교육을 통한 이중언어 활성화 방안	• 한글지도 • 문화체험 • 외국어교육 자원봉사	• 자녀 한국어지도 도움 • 한국문화 이해
광주광천 초등학교	다문화교육 프로그램 운영을 통한 세계시민으로서의 정체성 함양	• 문화교실 • 가족결연	• 친밀성 증진 • 주체성 감소 • 자아정체성 감소 • 미래확신성 감소
전북장수 초등학교	다문화가족 자녀 학습지원 프로그램 개발적용을 통한 학습결손 및 학교부적응 해소	• 한글 기초 학습 • 한국문화 체험 • 자녀교육·상담 • 영어 보조교사 활동	• 한국어 능력 향상 • 한국문화 이해 증진 • 자녀 지도 다소 도움

자료: 김향은(2007).

부산학부모지원센터 학부모교육 프로그램(아버지학교)

① 연수목적
- 현대 가정에서의 올바른 아버지 역할 이해와 실천
- 자녀 이해를 통한 아버지와 자녀 간 유대관계 강화
- 어머니 중심의 학부모교육을 탈피하여 아버지교육을 통한 균형 있는 부모교육 및 역할분담을 통해 협조적이고 공감하는 가정환경 조성

② 연수과정
- 과 목 명: 아버지학교(야간) 2기
- 연수대상: 아버지 학부모 80명
- 연수장소: 부산학부모지원센터 배움실
- 이수시간: 6시간(1일 2시간, 3일)
※ 수강 학부모가 공무원인 경우 상시학습시간 인정

③ 연수 일정

연수기간	인원	연수대상	신청기간		비고
10.10~10.24 매주 수요일 19:20~21:00	80명	아버지 학부모	홈페이지 신청	9.24 (월)~ 10.9 (화)	선착순 마감

※ 전화 신청 가능: 학부모연수담당

④ 교육내용 및 시간표

날짜	시간표	교육내용	시간
10.10(수)	19:15	개강식 및 전달사항	5분
	19:20~21:00	아버지는 최고의 NIE(신문활용교육) 선생님	2
10.17(수)	19:20~21:00	오늘 the 사랑하기: 자녀와 통하십니까? – 사진을 활용한 아버지 교실	2
10.24(수)	19:20~21:00	인성교육과 아버지 감성경영 II – 우리 아이 심리가 우리 아이의 미래를 만든다	2

※ 준비물 안내: 10.17(수) 사진을 활용한 아버지 교실(본인 독사진, 가족사진 각 1장 이상)

(2) 목표 선정

프로그램의 목표 선정이란 학부모교육의 목적을 토대로 학교 내 학부모교육 프로그램의 추진 방향에 대한 입장을 정리하는 것이다. 학부모교육 프로그램 계획 준비 단계에서 이루어진 요구조사와 제반여건을 분석한 자료를 바탕으로 학부모교육 프로그램 대상을 선정한 후에는 프로그램 대상 학부모의 역량 강화를 위하여 학부모교

육 프로그램의 목표를 구체화한다. 학교를 포함한 해당기관에서는 당해 연도 기관의 목표나 여건, 지역사회의 특성 등을 고려하여 목표를 선정한다.

학부모교육 프로그램의 목표는 실현가능한 것이어야 한다. 중요도에 따라 최종 목표를 정하고 프로그램의 효과성을 높이기 위해 다양한 세부 목표를 선정할 수 있다. 학부모교육 프로그램의 목표를 선정할 때 고려할 사항은 다음과 같다.

- 학부모교육 프로그램의 목적과 연계되어 있는가?
- 프로그램 참여 학부모의 특성을 고려하였는가?
- 실현가능한 목표를 설정하였는가?

프로그램의 목표 예시

- 자녀의 발달에 대한 지식을 증진시킨다.
- 학부모 학교참여활동에 참여한다.
- (특정) 자녀양육 기술을 습득한다.
- 학부모와 가정의 문제해결을 지원한다.
- 학부모에게 사회적 지지를 제공한다.
- 부모가 자발적으로 참여한 자조모임 또는 동아리 모임을 장려한다.

---

(3) 내용 구성

프로그램의 내용은 자녀의 발달시기에 따라 가정-학교-지역사회영역에서 학부모가 알맞은 역할을 할 수 있도록 구성되어야 한다. 또한 구체적으로 학부모 역할수행에 필요한 지식과 기술을 습득하고 실천할 수 있도록 지원하는 내용을 담아야 할 것이다. 유아기-초등학교 시기-중·고등학교 시기로 나누어 학부모교육 프로그램에 포함할 만한 내용을 제시하면 다음과 같다.

◉ 가정에서의 학부모 역할

자녀의 발달단계에 따라 자녀를 이해하고 부모역량을 강화하기 위하여, 자녀의 발달시기에 따라 필요한 학부모의 역할에 초점을 맞추어 프로그램의 내용을 구성할 수 있다. 먼저 유아기에는 신체의 성장이 지속적으로 이루어져 운동기능이 급속도로 발달한다. 달리기, 오르기 같은 대근육 운동기능뿐 아니라 젓가락질 등의 소근육 운동기능도 발달한다. 이러한 신체적 자극과 운동경험은 유아의 신체발달에 도움을 준다. 또한 유아기에는 인지발달과 언어발달이 빠르게 이루어진다. 유아는 새로운 개념을 지속적으로 습득하고 상상력이 풍부해지면서 다양한 경험을 소재로 가상놀이를 한다. 기억의 용량도 증가하여 언어 사용이 더욱 활발해지고 타인과의 사회적 상호작용 기술도 발달한다. 또한 상대에 따라 언어를 차별적으로 사용하는 의사소통기술이 발달하고 자신과 타인의 정서를 이해하고 표현하는 능력을 습득한다. 이러한 정서능력은 유아의 사회적 유능성의 기초가 되므로, 또래와의 관계가 확장되는 이 시기에 적절한 상호작용 기술을 습득할 수 있도록 돕는 것이 중요하다.

부모는 지나친 조기교육이나 학습에 치중하기보다는 유아가 풍부한 놀이경험을 쌓도록 도울 필요가 있으며, 또래와의 놀이경험을 통하여 사회적 상호작용 기술을 습득할 기회를 마련해야 한다. 이 시기의 다양한 신체활동 경험은 인지발달, 정서발달에 도움이 되므로 여러 영역의 균형 잡힌 발달을 위한 환경을 마련해야 할 것이다. 유아기에는 사고가 지속적으로 발달하지만 논리적 사고능력은 미흡하기 때문에 유아는 자기중심성을 갖게 된다. 학부모는 자녀가 자기중심성에서 벗어나도록 적절한 훈육을 할 필요가 있다. 또한 자녀가 긍정적 자아개념을 형성할 수 있도록 유아의 발달수준에 맞는 대화를 통해 칭찬과 강화를 제공해야 한다.

대구광역시 학부모지원센터에서 실시한 유치원 학부모교육 프로그램은 유아기 자녀의 인지발달을 촉진하기 위한 부모의 자녀교육역량 강화를 위해 구성된 프로그램이다(표 4-2 참조). 이 프로그램은 예술을 통한 감성교육이 유아의 창의성 발달, 사고발달 등 인지발달에 효과적이라는 점에 착안하여 학부모가 이러한 교육을 가정에서 실천할 수 있도록 다양한 방법을 소개하고 체험하도록 구성하였다.

초등학교 시기 아동은 기본 운동기능을 대부분 습득하게 되며, 각자의 운동능력에 개인차가 나타나기 시작한다. 이 시기 운동능력은 아동의 자아개념에도 영향을 미친다. 자신의 운동능력이 또래의 수준에 미치지 못하면 부정적 자아개념을 형성할 수도 있으므로, 적당한 수준의 운동에 참여하여 운동기술을 발달시킬 수 있도록 도와야 한다. 또한 신체발달의 개인차가 생겨나고 외모에 대한 관심이 늘면서 자기 신

표 4-2 대구광역시 학부모지원센터의 학부모대학(유치원)

시기	일자	시간	주제	내용
9월 1주	9.3(화)	10:00~12:50	자녀의 눈높이에 맞춘 세계 명화 감상법	• 시대별로 꼭 알아야 할 대표작 • 명화 탄생의 사회적 · 문화적 배경과 뒷이야기
	9.4(수)	10:00~12:50	두뇌발달에 도움이 되는 클래식	• 내 아이의 IQ와 EQ를 높여주는 두뇌 클래식 • 좋은 유전자를 깨워 똑똑하게 키워주는 클래식
9월 2주	9.10(화)	10:00~12:50	스스로 하는 그림책 힐링	• 아이의 마음을 다독이는 힐링 그림책 • 그림책을 통해 아이 마음 들여다보기
	9.11(수)	10:00~12:50	아이의 창의성 신장과 부모의 양육태도	• 내 아이의 창의적 사고력 신장법 • 창의적 사고를 격려할 수 있는 표현
9월 4주	9.24(화)	10:00~12:50	미술관으로 떠나는 감성여행	• 엄마와 함께 떠나는 미술관 여행 • 눈으로 보고 마음으로 답사하는 그림 이야기
	9.25(수)	10:00~12:50	제때 자라는 아이들	• 숲과 자연이 뇌발달에 미치는 영향 • 제때 자라는 것의 중요성

자료: 대구광역시 학부모지원센터(http://parent.dge.go.kr).

체에 대한 부정적 자아개념을 가질 수 있으므로, 신체에 관한 왜곡된 이미지를 갖지 않도록 배려해야 한다.

초등학교 시기 아동은 논리적인 사고가 발달하여 타인의 관점을 이해하고 자기중심적 사고에서 벗어나게 된다. 또한 주의집중능력이 발달하고 기억 용량이 증가하여 점차 효과적인 학습이 가능하게 된다. 이 시기는 읽기와 쓰기능력이 현저하게 발달하는 시기로 언어능력의 개인차가 나타나게 된다. 따라서 다양한 독서와 경험을 통해 사고를 발달시키고 배경지식을 쌓을 수 있게 도와야 한다.

초등학교 시기에 아동은 또래애착이 증가한다. 이 시기에는 또래집단의 영향력이 커지며 학교에서 또래 및 교사와의 관계, 학업 등의 경험을 통해 자신에 대한 개념을 형성한다. 아동은 학교생활을 기초로 하여 자신에 대해 긍정적이거나 부정적 평가를 하여 자아존중감을 형성하므로, 부모는 자녀가 학교생활과 교우관계에 잘 적응하고 긍정적 자아개념을 형성할 수 있도록 지원해야 한다.

특히 아동기에 자기조절능력을 습득하는 것은 중요한 발달과업이다. 이것은 사회적으로 용인되는 특정한 목표를 달성하기 위하여 자신의 욕구나 행동을 조절할 수 있는 능력으로 타인과 원만한 관계를 유지하거나 학업 등의 사회적 및 개인적 목표를 달성하는 데 필요한 요소이다. 이러한 자기조절능력은 타인에 의한 규제가 아니라 스스로를 규제할 수 있는 능력으로 자기주도학습, 원만한 또래관계 형성, 자신감 형성의 토대가 된다. 따라서 부모는 통제적 양육을 통해 자녀에게 무엇인가 강요하기보다는 자녀가 시행착오를 겪더라도 스스로 선택하고 책임지는 기회를 제공해야 한다.

부산광역시 학부모지원센터의 학부모교육 프로그램은 초등학교 학부모의 학교교육에 대한 이해를 돕고 창의인성교육, 자기주도학습 등 자녀의 학교적응을 위해 학부모가 알아야 할 다양한 정보를 제공하는 내용으로 프로그램을 구성하였다.

부산 학부모지원센터 초등학교 학부모 대상 학부모교육

① 연수 목적
- 자녀들이 창의적 생각과 따뜻한 마음을 가진 인재로 성장할 수 있도록 학부모의 역할 제고
- 자기주도학습, 진로교육—부모·자녀 간 대화법 등 교육을 통한 자녀교육역량강화

② 연수 과정
- 과 목 명: 초등학부모연수
- 모집인원 및 대상: 학부모 60명
- 연수시간: 각 12시간(1일 3시간, 4일)

날짜	교육내용
3.26(화)	창의인성교육과 학습지도
3.27(수)	새 학년 새 교실 적응하기 – 우리 아이의 행복한 미래 설계
3.28(목)	자기주도학습 – 우리 자녀 행복하게 공부하자
3.29(금)	초등 학부모를 위한 우리 자녀 꿈 찾기

중·고등학교 시기 청소년은 영아기 이후 가장 급격한 신체변화를 경험한다. 급격한 신체변화와 2차성징의 출현은 청소년의 정서적 불안을 초래하기도 한다. 따라서 학부모는 청소년이 이러한 변화를 자연스럽고 긍정적인 것으로 받아들이도록 자녀

를 도울 필요가 있다. 중·고등학교 시기의 가장 중요한 발달과업은 자아정체감을 형성하는 것이다. 이 시기에는 타인의 관점에서 자신을 평가할 수 있다. 때로 이러한 과정에서 타인의 평가에 예민하게 반응하여 부정적 자아개념을 형성할 수도 있으므로 부모, 가족, 또래가 해당 청소년을 정서적으로 지지하여 청소년의 자존감을 강화할 필요가 있다.

청소년은 부모로부터의 정서적 의존에서 벗어나 완전하게 독립하고자 하는 욕구를 가지나, 여전히 부모의 보호 아래 있기 때문에 이러한 상황이 부모-자녀 간 갈등을 유발할 수 있다. 이 시기의 긍정적인 부모-자녀관계를 위해서는 부모-자녀 간 의사소통이 중요하며 다른 어느 시기보다 더 부모에게 건강한 의사소통 기술, 대화 기술이 필요하다. 특히 청소년기에는 학업과 진학문제로 스트레스가 증가한다. 이때 원만한 또래관계 형성에 어려움이 생기면 따돌림, 학교폭력, 자살충동 등 부적응행동이 나타날 수 있으며, 학부모의 관심과 애정이 부족한 경우에는 게임중독, 인터넷중독, 비행 등 문제행동을 보일 수도 있다. 학부모는 청소년의 발달적 특성을 이해하고 자녀를 통제하기보다는 지속적인 상호작용을 통해 자녀와 긍정적인 관계를 형성해야 한다.

청소년상담복지센터의 학부모교육 프로그램에서는 청소년기의 부모-자녀관계 회복에 중점을 두고 부모와 청소년 자녀의 가족관계를 강화하기 위하여 긍정적인 의사소통 기술, 갈등대처방법 등 지식과 기술을 습득할 수 있도록 내용을 구성하였다.

천안시 청소년상담복지센터 학부모교육 프로그램

① 프로그램 목표

자녀의 올바른 양육과 건강한 부모-자녀관계를 위해 부모 스스로 자신을 돌아보고 가족을 관계 안에서 이해하며 관계 속에서 자녀와의 갈등, 성장을 이해할 수 있도록 한다. 부모가 성장해야 자녀의 건강한 성장을 지원할 수 있음을 알고 자녀와 함께 성장하는 부모역할을 익히게 한다.

② 운영형태

• 대상: 기관 학부모 및 교사(10~15명)

• 시간: 60~90분

③ 회기별 프로그램

구분	제목	목표	내용
1회기	다시 보는 나와 우리 가족	• 참여 동기 높이기 • 친밀감, 신뢰감 형성 • 자녀와의 관계 및 가치관에 대해 새로운 시각 획득	• 우리 가족을 소개합니다 • 나와 자녀의 관계는? • 자녀에게 원하는 것 • 관계란?
2회기	자녀 이해하기	• 경청, 감정읽기, 공감경험 • 감정읽기, 공감실습 • 이해받는 경험의 중요성 인식	• 마음을 열고 들어봅시다 • 감정읽기 • 공감연습 I, II
3회기	자녀의 자율성 키워주기	• 자율성 발달의 의미 이해 • 효과적 방법의 탐색 • 청소년기의 발달적 특징 이해	• 단군신화 이야기 • 자율성 관련된 문제해결책 • 청소년기 오해와 이해
4회기	자녀와의 갈등 해결하기	• 구체적 갈등상황 점검 • 갈등 대처방법 검토·변화의 필요성 인식 • 갈등해결 전략의 습득	• 갈등대처법 체크리스트 • 갈등상황 이해하기 • 갈등해결 4단계
5회기	자녀의 힘을 북돋우기	• 청소년기 좌절의 의미 재해석 • 자녀문제에 대한 재해석 • 자녀의 힘 북돋우기의 의미와 중요성 인식	• 생각해봅시다(좌절극복) • 퀴즈·어떻게 해야 할까요 I, II • 자녀의 힘을 북돋우기
6회기	새로운 시작을 위해	• 장점을 보는 긍정적 시각경험 • 실천과제 설정, 다짐 • 전체평가 및 소감 나누기	• 장점 찾기 • 생각해봅시다(실천과제) • 아이에게 쓰는 편지 • 평가지 작성

지금까지 아동·청소년의 발달 시기별로 가정 내 부모역할에 초점을 맞추어 학부모교육 프로그램을 살펴보았다. 발달 시기와 관계없이 자녀의 건강한 발달은 애정을 바탕으로 한 친밀한 부모-자녀관계를 토대로 한다. 자녀의 발달 시기마다 부모-자녀관계는 변화하지만 서로에 대한 애정과 신뢰를 바탕으로 이러한 변화에 적응해 나간다. 긍정적인 부부관계, 부모-자녀관계는 건강가정의 필수요소이며, 자녀의 발달 단계, 가족의 발달주기에 따라 약간의 변화가 있다 할지라도 기본적으로 가정건강성 강화를 위하여 전체 학부모를 위한 학부모교육 프로그램이 필요하다. 대표적으로 다음의 밥상머리 교육과 같은 표준화된 학부모교육 프로그램을 전체 학교급에서 활용할 수 있다(표 4-3 참조).

표 4-3 밥상머리교육 전체 프로그램 구성

회기	세부 내용	시간(분)	비고
(1회기) 밥상머리교육이 왜 필요할까요?	밥상머리교육이란 무엇일까요?	15	워크시트 1, 2, 3
	밥상머리교육의 과거와 현재	30	–
	밥상머리교육 무엇이 좋을까요?	30	–
	밥상머리교육 실천지침	15	워크시트 4
(2회기) 나는 어떤 부모일까요?	부모의 양육태도	30	워크시트 5
	연령별 부모-자녀관계	30	워크시트 6
	아버지 역할	30	워크시트 7, 8
(3회기) 마음을 열어요	감정 읽기	30	워크시트 9, 10, 11, 12
	경청과 공감	30	워크시트 13, 14
	개방형 질문과 칭찬	30	워크시트 15, 16
(4회기) 이렇게 해봐요	가족식사 방해요소 점검	30	워크시트 17, 18
	가족식사 계획 세우기	30	워크시트 19, 20
	이렇게 할 수 있어요	15	–
	행복한 가족식사를 위한 전략	15	–
나에게 수여하는 수료증		–	워크시트 21

◉ 학교에서의 학부모 역할

학교교육의 주체는 학생과 교사에 한정되어 있지 않으며, 학생, 교사와 함께 교육의 질 제고에 중요한 역할을 하는 주체는 학부모이다. 학교를 중심으로 하는 교육의 동반자로서, 학부모의 중요성에 대한 인식은 무엇보다도 중요하지만 여전히 학부모는 학교참여활동의 필요성에 대해 정확히 이해하지 못하는 경우가 많다. 따라서 학교가 주도하는 타율적 참여가 아니라 자발적인 참여가 될 수 있도록 학부모참여의 의미, 효과 등에 대한 교육을 할 필요가 있다. 또한 학부모의 특성, 자녀의 특성에 따라 학부모 학교 참여방법을 다원화하여 학부모교육 프로그램에서 적극적으로 소개해야 한다.

다수의 일반 학부모를 대상으로 하는 전반적인 학부모 학교참여 안내 프로그램뿐 아니라 학부모 리더를 대상으로 하는 학부모 학교참여 활성화를 위한 심화교육 프로그램 등 대상에 따라 프로그램 내용을 차별화하여 구성할 수 있다.

학부모 리더 연수 프로그램

① 교육목표

- 학교참여 경험이 풍부하고 참여의지가 높은 학부모를 중심으로 학부모 리더를 육성하여 상담, 자문, 학부모교육 등 학부모 학교참여의 핵심주체로 활용하고자 기본적 자질 및 전문성 제고 함양
- 학부모의 적극적인 학교참여 지원을 위한 역량을 강화한다.
- 교육정책의 신뢰도 확립 및 정책전달의 효과성 제고를 위한 학부모 리더를 양성한다.
- 학부모 리더십 함양을 강화한다.

② 교육방침

- 학부모교육, 상담, 컨설팅, 교육기부 등 학교참여 지원활동분야 중심으로 교육내용을 편성 운영한다.
- 시도교육정책 방향 및 강의법 실습 중심으로 구성하여 운영한다.
- 정책 및 해당 분야의 우수 강사를 초빙하여 연수의 질을 향상시킨다.

③ 교육대상자에게 요구되는 역량

- 정책수요자인 학부모를 대표하여 학부모 리더 기본연수 과정을 이수하고, 교육정책의 현장 착근을 위해 노력한다.
- 학부모 리더 기본연수 과정을 성실히 이행하고, 학교참여 및 지원을 위한 기본 소양을 습득한다.
- 기본과정 이수 후 도내 학교 컨설팅 요원 및 자녀교육에 대한 올바른 교육정보를 제공하여, 학부모들이 자녀교육에 관한 합리적 선택을 할 수 있도록 지원한다.

④ 교육대상 및 기간

- 운영대상: 학부모 리더 추천자 54명
- 운영기간: 2012. 10. 30(화, 09:00~18:00). 1일
- 이수시간: 7시간
- 운영장소: 제주학생문화원 3층 세미나실

영역	과목	시수	운영방법	운영형태	강사	
					성명	소속
전공	교육정책 -아이의 미래를 바꾸는 밥상머리교육	1	강의	일반 과목	○○○	• 시도교육청 학부모모니터단 • 2011학부모지원센터 강사요원
	교육정책 -학부모 학교참여활성화를 위한 학부모 리더의 역할	1	강의	일반 과목	○○○	○○초 교장
	상담기법 및 사례 -학교폭력 예방 및 학교부적응	1	대담, 토의	일반 과목	○○○	○○상담치료센터 소장

영역	과목	시수	운영방법	운영형태	강사	
					성명	소속
전공	학부모교육 -자녀와의 소통 대화법	1	대담, 토의	일반 과목	○○○	청소년리더십 센터장
	학부모참여 우수사례 -교육기부형 자원봉사	1	강의, 발표	일반 과목	○○○	○○초 학부모
	학부모교육 -뇌교육	1	대담, 토의	일반 과목	○○○	제주국학원
	소계		6			

자료: 제주특별자치도교육청(2012). 학부모 리더 연수.

또한 학교교육제도, 정책 이해를 목표로 교육제도와 교육부의 정책에 대한 안내를 프로그램에 포함시킬 수 있다. 기초적인 교육정책의 이해, 교원능력개발평가, 입학사정관제 등에 대한 이해를 프로그램의 내용에 포함하여 학교교육을 지원하는 학부모의 역할수행을 도울 수 있다.

◉ 지역사회에서의 학부모 역할

학부모의 역할은 가정과 자녀의 학교에만 국한되지 않는다. 학부모는 내 아이, 우리 아이, 우리 마을을 포괄하여 안전한 환경, 행복한 마을, 나눔과 배려의 사회가 될 수 있도록 마을의 어른으로서 지지대 역할을 해야 한다. 학부모는 지역사회에서 나눔과 배려를 실천하는 것이 자신의 자녀, 가정, 학교에 어떠한 긍정적 영향을 미치는지 이해할 필요가 있다. 학부모는 이러한 인식을 바탕으로 자녀교육 품앗이, 지역사회 도서관 활동, 지역사회 아동·청소년 보호활동 등 더 나은 마을 공동체, 가정-학교-지역사회 파트너십 형성을 위한 다양한 활동에 참여할 기회를 갖는 것이 중요하다.

학부모정보감시단의 학부모교육 및 활동

IT 중심의 변화된 환경 속에서 자녀
들을 어떻게 지도하고 교육하여야 하
는지 그리고 가정의 역할은 무엇인지
학부모들은 알지 못하고, 속만 태우
는 경우가 많다.
학부모정보감시단에서는 변화된 환
경, 즉 유비쿼터스 시대의 인터넷, 휴
대폰 등 다양한 매체로부터 자녀들이
건강하고 바르게 성장할 수 있도록
학부모교육을 실시하고 있다.

자료: 학부모정보감시단(http://www.cyberparents.or.kr).

(4) 절차 선정

학부모교육 프로그램의 내용과 개요를 구성했다면 프로그램의 실행을 위해 프로그
램의 기간 및 장소, 실행방식 등 구체적인 프로그램의 절차를 선정해야 한다.

⊙ 기간 및 장소

학부모교육 프로그램의 기간과 장소를 결정하기 위해 가장 먼저 고려할 사항은 프
로그램 운영자, 운영기관의 여건이다. 특히 학교의 경우에 학사일정을 고려하고 활용
할 수 있는 교육공간을 고려하여 시기와 횟수, 장소를 결정할 수 있다. 대부분의 학
교에서 3월 신학기 적응을 위한 학부모교육을 실시하고 4월 이후에 중장기 학부모교
육 프로그램을 실시하는 사례가 많다.

다음으로 프로그램의 목표, 프로그램 대상자의 여건을 고려하여 프로그램의 기간
과 장소를 결정한다. 프로그램의 목표를 달성하기 위하여 어느 정도 횟수의 프로그
램이 실행되어야 하는지 구체적으로 검토한 후에 프로그램의 시작시점, 빈도, 종료시
점을 정할 수 있다. 또한 프로그램의 효율적인 전달을 위하여 프로그램의 대상자를
결정한 이후에 이들 대상자가 참여할 수 있는 시기와 장소를 고려하여 프로그램을

실시할 시간과 장소를 정하는 것이 중요하다.

◉ **실행방식**

프로그램 실행방식으로는 강연식, 워크숍, 집단자조모임 등이 있다. 이 중 한 가지 방식을 적용할 수도 있고 여러 가지 방식을 조합해서 프로그램을 실행할 수도 있다. 중요한 것은 제반여건을 고려하고 효과성을 높일 수 있는 방법을 선택하는 것이다.

강연식

강연 또는 강의식 교육 프로그램은 강사가 프로그램 대상자에게 부모로서 필요한 지식과 기능 등에 대해서 설명을 통해 전달하고 이해시키는 방법이다. 강의 방식의 효과를 높이기 위해서는 다음과 같은 특성을 고려하여 실시할 필요가 있다(이성호, 1986). 예를 들어 사실적 정보나 개념을 제한된 짧은 시간에 효과적으로 전달하고자 할 때, 새로운 정보를 소개하는 프로그램 도입부를 설명할 때, 프로그램 대상자가 다른 방식의 프로그램을 거부하거나 만족도가 낮을 때, 전문적인 강사가 진행하는 강연식 프로그램이 효과적이다.

> **강연식** ‖ 강사가 프로그램 대상자에게 부모로서 필요한 지식과 기능 등에 대해서 설명을 통해 전달하고 이해시키는 방법

강연식 프로그램의 강사 선정

프로그램의 대상자, 목표, 내용, 시기 등이 결정되면 강의를 담당할 강사를 선정한다. 강사를 선정할 때는 프로그램 운영기관에서 활용할 수 있는 인적자원, 각 시도교육청 및 지역교육지원청, 학부모지원센터, 지역사회 유관기관 등의 강사풀을 활용한다. 학교의 경우, 외부 강사인력을 초빙하거나 강사의 자격과 역량을 갖춘 학부모에게 강의를 부탁할 수 있다. 지역사회 유관기관끼리 긴밀한 네트워크 체계를 마련하여 인지도 있고 역량 있는 강사의 정보를 공유할 수도 있다.

워크숍

소수의 프로그램 대상자들이 정보의 교환과 상호작용을 강화하기 위하여 만나는 교육적 세미나나 일련의 모임을 워크숍이라고 한다. 주로 워크숍의 리더인 프로그램 운영자가 워크숍을 주도하며 워크숍 내에서 다양한 프로그램 전달방식을 활용하여 프

> **워크숍** ‖ 소수의 프로그램 대상자들이 정보의 교환과 상호작용을 강화하기 위하여 만나는 교육적 세미나나 일련의 모임

표 4-4 프로그램 실행방식 예시

전달 구성요소	세부사항
커리큘럼, 매뉴얼	기존의 커리큘럼이나 매뉴얼이 있을 때 표준화된 부모역할 훈련과정 사용
모델링	부모양육행동 직접 시연 또는 녹화영상 시청
과제	다음 회기 이전까지 필기 과제, 구두 과제, 행동 과제 수행
시연, 역할극, 연습	회기 중에 시연, 역할극 상황을 통한 기술 연습, 상황에 따라 다음과 같이 실행 A. 부모훈련 전문가나 동료 대상자와의 역할극 B. 자녀와 함께 부모양육기술 연습
자녀 개별지도	부모와 별개로 자녀가 행동기술훈련 참여
부가서비스	부모양육기술 교육에서 더 나아가 정신건강 서비스, 약물남용 서비스, 사례관리, 사회적 지원, 스트레스 및 분노조절 또는 전문상담 의뢰, 교육지원 등

자료: 미국 보건복지부 질병통제 및 예방센터(2009).

로그램을 진행할 수 있다. 프로그램 대상자들은 정해진 주제에 관하여 정보를 습득하고 적극적으로 의견을 개진하며 논의할 수 있는 기회를 가진다. 워크숍은 10명 내외의 소그룹으로 이루어지며 프로그램의 목표를 달성하기 위하여 모델링, 과제, 시연, 역할극 등 다양한 프로그램 전달양식을 사용할 수 있다. 학부모는 워크숍을 통해 배운 지식을 실행해보는 기회도 함께 갖는다. 참여 학부모의 요구에 따라 활동범위와 방법이 다양하다.

집단자조모임

프로그램 대상자들이 프로그램의 목표에 대해 공감할 경우 자율적으로 프로그램에 참여하여 집단자조모임을 구성할 수 있다. 집단자조모임은 프로그램의 목표와 내용에 따라 자신이 가진 정보와 자원을 공유하고 실천을 위한 실행학습을 서로 지원한다. 특정한 문제해결을 위해 프로그램에 참여한 경우에는 참여자 간 지지와 격려를 함으로써 문제해결을 지원하게 된다. 프로그램의 운영자는 정해진 형식의 교육을 실행하기보다는 프로그램 대상자들이 프로그램에 참여하는 체계를 제공하고 정기적인 실천모임에서 안내자 역할을 할 수 있다.

기타

강연식, 워크숍, 집단자조모임 외에도 일회성 가족행사를 기획하거나 중장기 프로그램의 종결행사로 가족캠프를 진행할 수 있다. 특정 문제를 가진 학부모, 자녀 및 가족을 대상으로 학부모교육 프로그램을 진행할 때 자녀도 함께 참여하게 하면 프로그램의 효과를 높일 수 있다. 자녀를 대상으로 한 개별 프로그램뿐 아니라 학부모와 자녀가 함께하는 활동이나 캠프를 개최하면 부모-자녀관계를 개선하는 데 기여할 수 있다(표 4-5).

(5) 평가 계획

학부모교육 프로그램이 목표를 효과적으로 달성하고 프로그램 대상자에게 영향을 미쳤는지 확인하기 위해서는 프로그램을 평가해야 한다. 프로그램의 평가는 프로그램의 목표를 달성하기 위하여 수행한 모든 활동의 내용, 절차, 결과에 대하여 양적·질적수준에서 가치를 판단하는 것이다. 이러한 평가의 결과는 이후 프로그램을 계획하고 실행하는 데 반영되어야 한다. 이를 통해 학부모교육 프로그램을 개선하고 보다 효율적인 프로그램을 개발할 수 있다.

프로그램의 평가는 과정 중에 이루어질 수도 있고, 프로그램이 모두 끝난 후에 진행될 수도 있다. 프로그램을 평가하는 시기와 방법은 프로그램의 계획 단계에서 선정한다. 평가 결과를 어떠한 방식으로 반영할지에 대해서는 프로그램 운영기관의 여건과 프로그램 실행여건을 고려하여 결정한다. 구체적인 평가 방법은 다음과 같다.

표 4-5 인터넷중독 청소년을 위한 가족치유캠프 프로그램 일정

시간	1일차	2일차		3일차
08:00~ 09:00	–	아침		아침
		행복 다가가기		
09:00~ 10:00		e-세상 슈퍼스타 되기	나는 부모다 I –자녀일기	e-세상 가족행복단 행복 다지기
10:00~ 11:00		슈퍼스타 Training1 –나는야, 만능 연예인	나는 부모다 II –아이와 궁합, 그것이 문제다	
11:00~ 12:00		슈퍼스타 Training2 –인터넷, 너는 나를 막을 수 없어!	나는 부모다 III –소통	가족행복단 출정식
12:00~ 13:00	등록	점심		
13:00~ 14:00	입소식 및 OT	[행복 만들기 1단계] 지역별 특색 활동 (수련 및 대체 놀이활동 1)		
14:00~ 16:00	[e-세상 열어보기] 단원을 소개합니다			
16:00~ 18:00		[행복 만들기 2단계] 지역별 특색 활동 (수련 및 대체 놀이활동 2)		집으로~
18:00~ 19:00	저녁	저녁		
19:00~ 21:00	[e-세상 살펴보기] e-세상 바로 알기	[행복 만들기 3단계] 톡! 톡! 톡!		
21:00~ 22:00	취침 준비	취침 준비		

자료: 여성가족부(2013), 한국청소년상담복지개발원.

⊙ 만족도 조사

학부모교육 프로그램이 종료되면 프로그램 대상자를 상대로 프로그램 만족도에 관한 설문조사를 진행한다. 이때 학부모의 만족도를 다음 프로그램 구성과 계획에 반영할 수 있도록 전반적인 프로그램 관련 사항을 질문할 수 있다. 예를 들어 학부모의 참여 동기와 목적, 학부모교육 내용과 교수방법, 프로그램 운영방식이나 강사의 자질, 프로그램의 효과 등에 대한 의견을 구할 수 있다. 조사를 위한 설문지는 응답시간이 짧고 쉽게 답할 수 있는 내용으로 구성되어야 하며, 결과 정리가 쉬워야 한다.

20○○년 학부모교육 및 강사만족도 조사 설문지

오랜 시간 연수받느라 고생하셨습니다. 본 교육을 통하여 자녀교육 역량 강화를 제고하여 보다 나은 학부모님으로 거듭나시길 바랍니다. 아울러 차명와 소통의 교육문화 실현을 위해 교육공동체가 함께하는 행복한 동행을 부탁드립니다.

다음 설문은 본 교육과정의 평가를 통하여 차기 연수에 반영 및 개선을 목적으로 실시하오니 여러분의 솔직한 의견을 기재하여 주시기 바랍니다.

1. 교육 일정의 만족도	㉠ 매우 만족	㉡ 만족	㉢ 보통	㉣ 불만족	㉤ 매우 불만족
2. 교육 장소의 만족도	㉠ 매우 만족	㉡ 만족	㉢ 보통	㉣ 불만족	㉤ 매우 불만족
3. 교육 시설의 만족도	㉠ 매우 만족	㉡ 만족	㉢ 보통	㉣ 불만족	㉤ 매우 불만족
4. 교육 담당자 친절도	㉠ 매우 만족	㉡ 만족	㉢ 보통	㉣ 불만족	㉤ 매우 불만족
5. 교육 프로그램 및 강사 만족도					
부모와의 대화법 강사 ○○○	㉠ 매우 만족	㉡ 만족	㉢ 보통	㉣ 불만족	㉤ 매우 불만족
자기주도 학습 이해 강사 ○○○	㉠ 매우 만족	㉡ 만족	㉢ 보통	㉣ 불만족	㉤ 매우 불만족

자료: 전국학부모지원센터(2013), 학부모교육 프로그램 만족도 조사 설문지.

◉ 특정 척도를 이용한 평가

프로그램이 초기에 설정한 목표를 달성하였는지 알기 위하여 표준화된 척도(도구)를 사용하여 그 효과를 평가할 수 있다. 구체적으로 프로그램 참여자의 인식, 태도, 행동에서 어떤 변화가 있었는지 프로그램 시작 이전과 종료 이후의 결과를 비교하여 평가한다. 예를 들어 부모효능감, 부모 양육태도, 부모-자녀 의사소통 등을 평가하기 위하여 특정 척도를 활용할 수 있다.

◉ 기관 자체 평가

프로그램의 운영자와 운영기관은 프로그램이 계획한 대로 목표를 달성하고 효율적으로 실행되었는지 자체적인 평가를 해야 한다. 자체 평가를 할 때는 점검리스트를 통해 전체 실행과정 단계에서의 효율적인 운영과 강사 및 리더의 역할수행, 적절한 예산편성과 집행 등에서의 수행수준을 평가한다. 또한 담당자 회의를 통해 주요 항목의 실천정도에 대해 논의하고 이후의 학부모교육 프로그램 계획에 반영할 사항을 합의한다.

3) 학부모교육 프로그램의 운영

학부모교육 프로그램의 운영은 계획에 따른 구체적인 프로그램의 실행을 의미한다. 프로그램 운영 시에는 참여자 모집을 위한 홍보를 실시하고 본 프로그램에 필요한 물품과 자료를 준비한다. 프로그램 진행에 앞서 먼저 도착한 학부모를 위한 사전활동을 준비하고 수립한 계획에 따라 프로그램을 실시한다. 마지막으로 프로그램 종료를 위한 마감인사와 행사를 준비하여 실시한다. 프로그램 운영의 세부적인 내용은 다음과 같다.

(1) 프로그램 홍보 및 참여자 모집

학부모교육 프로그램의 일시, 장소, 내용 등을 설명하는 안내장이나 홍보문을 작성하여 기관 내에 부착하거나 배포한다. 필요한 경우에는 브로슈어나 리플릿을 제작하여 기관의 다른 행사에 참여가 가능한 대상자를 중심으로 나누어준다.

대상자 모집이 어려운 경우에는 적극적인 참여 유도 방안을 마련해 실행할 필요가 있다. 예를 들어, 학교에서는 프로그램 대상자의 조건에 부합하는 학부모에게 담임교사가 적극적으로 참여를 권유할 수 있다. 또한 운영기관의 다른 프로그램이나 행사에 참여하는 대상자 중 프로그램이 요구하는 자격을 갖춘 경우 적극적인 설득과 권유를 통해 참여를 유도한다.

프로그램의 홍보와 함께 안내장에 참여의사를 묻는 내용을 첨부하여 참여자를 모집할 수 있다. 학교의 경우에는 자녀를 통해 가정통신문 형태의 안내장을 발부하며 참여의사를 학교로 제출하게 한다. 다른 프로그램 운영기관에서는 연락처를 적어 신청자가 직접 연락하거나 신청의사를 밝힐 수 있게 한다.

학부모교육 신청 가정통신문

안녕하십니까?
언제나 따뜻한 사랑과 관심으로 자녀교육에 힘쓰시며 우리 학교를 응원해주시는 학부모님께 감사의 말씀을 전합니다. 바쁘시더라도 많이 참석하셔서 학부모님의 부모−자녀관계와 학업지원에 도움이 될 수 있기를 바라며, 원활한 프로그램 진행을 위하여 참가 신청 여부를 작성·제출해주실 것을 부탁드립니다.

※ 안 내 ※

- 신청기간: 2013. 5. 8(수)까지
- 신청방법: 신청서 작성 후 담임선생님께 제출
- 인원: 50명
- 대상: 4∼6학년 학부모
- 연수장소: 본관 2층 다목적실

※ 학부모교육 신청서 ※

강좌	강의 일자	강사명	강의 주제	신청 여부(○, ×)
1	2013. 5. 23 15:00∼17:00	○○○	부모−자녀 의사소통 기법	
2	2013. 5. 24 13:30∼15:30	○○○	부모가 함께하는 자녀의 진로 탐색	

( )학년 ( )반 ( )			
학부모 성명		성별	
연락처			

2013. 4. 15   ○○ 초 등 학 교

※ 참여 인원 파악과 안내를 위한 개인정보 수집에 동의합니다.   동의 □   동의하지 않음 □

(2) 프로그램 계획 실행

◉ 준비사항

학부모교육 프로그램을 실행하는 데 필요한 물품과 자료를 미리 준비하여 프로그램 운영에 차질이 없도록 한다. 프로그램 운영기관에 따라 필요한 준비물에 약간의 차이가 있을 수 있으나, 프로그램에 참여하는 대상자는 학부모이므로 이에 맞추어 준비한다. 프로그램의 효과를 높일 수 있도록 실시장소에 필요한 물품을 미리 배치하고 점검리스트를 만들어 빠뜨리는 것이 없도록 주의한다.

- 사전공지: 대상 학부모, 강사에게 하루 전에 프로그램 일시, 장소를 알리는 문자를 발송한다.
- 안내: 학부모교육을 안내하는 내용을 현수막이나 배너, 입간판, 표지판을 이용하여 기관 밖 또는 실시장소의 현관 등에 설치하여 학부모교육의 일시, 장소, 찾아오는 길 등을 안내한다.
- 접수: 입구에 방명록 형식의 기록지를 배치한다. 소수의 인원이 참가하는 장기 프로그램의 경우에는 운영자와 대상자 모두 서로의 이름을 쉽게 알 수 있도록 명찰, 스티커 등을 준비한다.
- 다과: 차와 과자류, 과일 등 계절에 맞는 간식을 간단히 준비하여 프로그램 진행 중, 또는 종료 후에 편하게 즐길 수 있도록 한다.
- 좌석배치: 프로그램의 목표와 실행방식, 참여 인원, 소통방법 등을 고려하여 좌석을 배치한다. 소수가 참여하는 프로그램의 경우에는 일렬로 배치하기보다는 서로 마주보거나 원형, 반원형 등으로 배치하는 것이 좋다. 공간이 협소한 경우를 제외하고는 책상과 의자를 같이 배치하는 것이 좋다.

◉ 사전활동

미리 도착한 학부모가 지루해하지 않도록 시작 전에 주의를 환기시키거나 간단한 정보 제공활동을 준비한다. 예를 들어 음악 감상, 자녀와 함께하는 활동, 자녀교육 관련 정보를 제공할 수 있다.

◉ **프로그램 실행**

프로그램을 효과적으로 실행하기 위해 초기에 참여자의 관심을 유발할 수 있도록 프로그램의 목표와 절차에 대한 오리엔테이션을 실시하여 강사와 참여자, 참여자 간 유대감을 형성하도록 한다. 이어서 본 프로그램에 들어갔을 때 프로그램 운영자나 운영기관에서 과정에 대한 자체평가나 대상자 평가를 실시하여 참여자의 수준과 계획한 내용에 맞추어 프로그램이 진행되고 있는지 확인해야 한다. 또한 일회성 프로그램이 아닌 경우에는 참여자가 지속적으로 참여하고 있는지 확인하여 프로그램이 효과적으로 실행되고 있는지 점검할 필요가 있다.

◉ **프로그램 종료**

- 마감 인사: 프로그램의 종료시간을 지키며 종료 후에는 강사나 참여 학부모에게 감사의 말씀을 드린다. 이어 다음 회기에 대한 안내나 예정된 학부모교육의 일시와 장소를 공지한다.
- 종료 행사: 자격증이나 수료증을 수여하는 프로그램의 경우 프로그램의 마지막 회기 전에 미리 수료행사에 대한 계획을 세우고 대상자에게 이에 대한 공지를 미리 한다. 프로그램 운영기관의 여건에 따라 상장이나 수료증을 수여할 인사를 섭외하고 행사일정에 차질이 없도록 준비한다. 행사에 필요한 수료증 등의 준비물을 빠뜨리지 않도록 한다.

4) 학부모교육 프로그램의 평가

평가 계획에 따라 프로그램의 각 회기 종료 후, 또는 전체 프로그램 종료 후에는 설문지를 이용하여 프로그램에 대한 만족도를 조사한다. 전체 프로그램 종료 후에 평가를 실시할 때에는 설문지 외에 소감기록지 등을 준비하여 구체적인 의견을 받는 것도 좋다. 정확한 평가를 위해서는 학부모가 편안하게 설문에 응답할 수 있도록 충분한 시간을 줄 필요가 있다.

학부모교육 프로그램의 질적인 개선과 지속적인 실행을 위해서는 프로그램의 평가 결과가 향후 프로그램 계획 및 실행단계에 반영될 필요가 있다. 학부모의 수요를 반영하여 프로그램을 실시했음에도 불구하고 주제나 운영방법 문제점이 제시된다면 이를 반영하여 다음 프로그램을 계획한다. 또한 자체평가 회의를 거쳐 학교 등 운영 기관의 프로그램 운영 성과와 문제점을 확인하고 시정 가능한 사항은 향후 프로그램에 반영한다.

3 학부모교육 프로그램 예시

학부모교육의 세 영역인 가정, 학교, 지역사회에서 필요한 학부모교육의 내용을 중심으로 표 4-6과 같이 프로그램을 편성할 수 있다. 학부모교육 프로그램은 운영기관의 성격과 여건에 따라 단기 프로그램과 장기 프로그램으로 나누어 편성할 수 있다. 또한 기관이 설정한 목표와 중점영역에 따라 회기를 조정하고 유연하게 내용과 실시 횟수를 변경할 수 있다. 일반적으로 1회기는 2~3시간을 기준으로 실시되며, 1시간에 50분 교육과 10분 휴식을 원칙으로 한다. 1회기의 시간 또한 기관과 강사의 여건, 수업방식에 따라 조정할 수 있다.

1) 단기 프로그램

학부모교육 단기 프로그램은 6회기를 기준으로 하여 가정-학교-지역사회영역별 각각 1~3회기로 구성하였다. 1회기에는 가정영역의 학부모교육 소개와 부모역량 강화의 필요성에 대한 강연이나 집담회 형식의 프로그램을 실시할 수 있다. 또한 앞으로 실행하게 될 전체 프로그램 소개를 목적으로 참여자를 대상으로 하는 학부모 오리엔테이션을 실시할 수 있다.

학교의 경우, 학기 초 학교설명회 개최 시 전체 학부모를 대상으로 학부모교육 1회기를 실시하고 프로그램에 대한 소개를 통해 향후 프로그램 참여를 독려할 수 있다. 2~3회기는 자녀발달과 이를 지원하는 부모의 역할에 대한 이해, 부모-자녀-가족 전체의 유대를 위한 활동을 소개하고 이를 실천할 수 있는 내용의 교육을 진행한다.

학교영역에서는 4~5회기에 걸쳐 학부모 정의와 긍정적인 효과를 인식하고 실제로 참여를 실행할 수 있도록 교육내용을 구성한다. 6회기에는 자녀를 위한 행복한 교육

표 4-6 학부모교육 프로그램 예시

대영역	중영역(목표)	단기 프로그램(6회기) 교육내용	장기 프로그램(12회기) 교육내용
가정	부모역량 강화	오리엔테이션 -부모역할에 대한 이해	오리엔테이션 -부모역할에 대한 이해
	자녀발달 이해	연령, 발달, 학교급, 학년 수준에 따른 자녀의 발달특성 이해 -신체, 사회, 정서, 인지 발달 특성에 대한 이해와 자녀의 발달을 돕기 위한 부모의 역할	발달단계에 따른 자녀의 특성 이해(신체, 사회, 정서)와 이를 지원하기 위한 부모의 역할
			학교급, 학년에 따른 자녀의 특성 이해(인지)와 학습지원을 위한 부모의 역할
			구체적인 부모 양육기술 훈련 -부모-자녀 의사소통 기법 -부모의 훈육 방법 -학습지도 및 지원방법
	가정건강성 강화	가족의 유대감 강화를 위한 가족활동 소개와 실천 -밥상머리교육 단회기	가족의 유대감 강화를 위한 가족활동 소개와 실천 I -밥상머리교육
			가족의 유대감 강화를 위한 가족활동 소개와 실천 II -가족 자원봉사교육
학교	학교교육 이해	자녀의 학교교육, 학사일정, 학업에 대한 전반적인 이해	자녀의 학교교육, 학사일정, 학업에 대한 전반적인 이해
			학교교육과정에 기초한 진로지도 및 입시 관련 정보제공
	교사와 소통 및 협력	학부모 학교참여 활동에 대한 소개와 학교참여를 장려하는 다양한 경험, 긍정적 효과 등에 대한 안내	학부모 학교참여에 대한 이해 -학교참여 활동의 영역, 방법 소개 -실제 참여활동에 대한 학부모 경험 발표
	학교교육 참여		
	교육정책 이해		학부모 학교참여의 긍정적 효과 소개 -교육정책, 공교육을 위한 학부모와 학교의 파트너십에 대한 이해
지역사회	지역사회 이해	학교 주변환경 개선, 지역사회 봉사활동 등 지역공동체를 위한 활동 소개와 실천	지역공동체 학부모의식 함양을 위한 강연과 활동 소개
	지역사회 활동 참여		가정(자녀, 학부모), 학교, 지역사회가 함께하는 연대활동 및 캠페인 참여
	가정-학교-지역사회 연대		

공동체 실현을 위한 지역사회와의 연대의 필요성을 이해하고 지역사회를 위한 다양한 활동을 소개하고 실천하는 내용을 구성한다. 학교와 지역사회 영역은 학부모교육 프로그램을 실시하는 기관에 따라 그 내용과 구성이 달라질 수 있다. 예를 들어 학교에서 프로그램을 실시하는 경우 학교 참여경험이 풍부한 학부모 리더, 교원, 교육청 담당자가 교육을 하거나 지원할 수 있다.

지역사회영역의 지역공동체를 위한 활동을 단순한 1회성 자원봉사활동에 그칠 수 있으나 지역사회 유관기관과의 협력을 통해 학교영역에 중요한 자료와 인적자원을 협조하고 지역사회영역에서 체계적인 활동을 할 수 있는 기회를 만들어 나갈 수 있을 것이다.

2) 장기 프로그램

학부모교육 장기 프로그램은 12회기를 기준으로 구성하였다. 가정, 학교, 지역사회 영역별로 동일한 중영역을 포괄하되, 가정영역은 6회기, 학교영역은 4회기, 지역사회 영역은 2회기로 확대 구성하였다.

가정영역에서는 학부모의 관심과 요구가 높은 자녀발달의 이해 영역에서 발달단계에 따른 자녀의 특성 이해와 부모역할 이해, 학교급, 학년에 따른 학습 내용 및 학습지원을 위한 부모의 역할, 의사소통 기법, 훈육방법, 학습지도 등 구체적인 부모 양육기술훈련 등에 관한 심화된 내용을 추가하였다. 이 영역에서 다룰 수 있는 내용은 매우 포괄적이므로 학부모 대상으로 요구조사를 한 이후, 요구도가 높은 내용을 중심으로 중점영역을 선정할 수 있다. 예를 들어 의사소통 기법에 대한 요구도가 높은 경우, 의사소통 훈련이 충분히 이루어질 수 있도록 시간을 편성하면 된다. 또한 가정 건강성 강화를 위해서는 가족의 유대감을 강화할 수 있는 가족활동을 소개하는 시간을 갖는다. 첫 번째 시간에는 가정 내 인성교육 프로그램인 밥상머리교육을 소개하고 실천법을 전달한다. 두 번째 시간에는 또 다른 인성교육 프로그램인 가족자원봉사활동 교육을 실시한다. 가족봉사활동은 가족이 다양한 형태의 자원봉사활동에 함께 참여함으로써 자연스럽게 인성교육이 이루어지고, 가족이 공유하는 시간과 활동을 통해 가족 간 유대를 강화시킬 수 있다는 장점이 있다. 가족봉사활동에 관한 교육을 통해 가족봉사활동을 어떻게 시행하는 것이 효과적인지 구체적인 방법과 정보를 제공할 수 있다.

이어서 학교영역에서는 학교교육과정에서 학부모의 이해가 필수적인 영역을 포함하여 구성할 수 있다. 예를 들어 학교교육과정에 기초한 진로교육과 관련한 내용을 추가하거나, 새롭게 도입된 입시제도에 대한 정보를 제공하는 교육내용을 추가할 수 있다. 일반적으로 학부모들은 새로 도입된 입시제도에 대해 관심이 높지만 신뢰할 만한 설명이나 정보를 얻기는 쉽지 않다. 진로지도나 입시제도에 대한 시의성 있는 학부모교육은 학부모들의 혼란 또는 불안을 예방하고, 학교에 대한 신뢰를 높이는 측면에서 의의가 있다. 학교와의 소통이나 학교교육 참여영역에서도 참여의 긍정적인 효과나 구체적인 참여의 방법을 소개하고, 참여 경험을 가진 학부모의 발표를 통해 학부모의 학교참여에 대한 관심과 동기를 유발할 수 있다. 이러한 영역에서 학부모의 관심을 유도하는 것은 쉬운 일은 아니기 때문에, '자유학기제' 등 새로운 교육정책에 대한 소개, 다양한 해외 사례 등을 적절하게 활용하는 것이 필요하다.

마지막으로 지역사회영역에서는 지역사회의 다양한 기관을 소개하거나 기관의 실무자를 초청하여 생생한 활동 사례를 제공하는 회기를 구성할 수 있다. 학부모가 참여할 수 있는 활동 뿐 아니라 학생이 참여할 수 있는 활동, 가족이 함께 참여할 수 있는 활동이나 프로그램들을 소개함으로써 학부모들에게 지역사회 참여 기회를 제공한다.

표 4-6은 어디까지나 학부모교육 프로그램의 예시를 제공한 것으로, 모든 프로그램을 이에 맞추어 구성할 필요는 없다. 장기 프로그램을 구성할 때에는 프로그램 운영기관별로 의무적으로 실시해야 하는 학교폭력 예방교육 등과 같은 교육을 통합하여 학교급에 따라 프로그램을 탄력적으로 구성해야 한다. 학교나 지역사회의 특성에 따라 새로운 내용을 추가할 수도 있다. 만약 다문화가족이나 한부모가족의 학생이 많은 학교라면 '다문화 수용성 교육 프로그램'이나 '한부모가족 특화 프로그램'을 추가할 수 있다. 이 경우 지역사회에 있는 유관기관과의 연계를 통해 프로그램의 효과를 높일 수 있을 것이다.

CHAPTER 05

학부모교육의 과제와 전망

05

학부모교육의
과제와 전망

우리나라에서 학부모교육이 체계적으로 시행된 역사는 길지 않다. 그동안 부모교육, 평생교육, 학부모 학교참여의 관점에서 각각 전개된 학부모 대상 교육을 학부모교육으로 체계화하고 있으나, 향후 학부모교육이 확대·발전되기 위해서는 선결해야 할 과제들이 있다. 이러한 도전적 과제들을 잘 해결한다면 학부모교육은 아동·청소년의 건강한 발달은 물론 부모 자신의 발달, 그리고 학교 및 교사와 동반자적 관계를 통해 공교육의 발전과 행복한 교육공동체 구축에 기여하는 중요한 통로가 될 것이다.

이 장에서는 학부모교육의 발전을 위한 과제를 학부모교육에 대한 인식 제고, 전문인력의 양성, 전달체계의 확대 및 연계, 학부모교육의 제도화 및 활성화 측면에서 살펴보고자 한다.

1 학부모 학교참여 및 학부모교육의 인식 제고

2009년 학부모지원정책이 공식적으로 도입된 이후, 학부모 학교참여에 대한 관심과 지원이 증가하였다. 2010년 기준 전국 11,245개 초·중·고등학교의 90.8%에 학부모회가 구성되어 있고 학부모회 활동을 하고 있다(김승보, 2011).

현재 학부모회는 임의단체이며 학부모회에 대한 별도의 조례나 법 규정이 없기 때문에 학부모회 활동은 참여 범위나 내용 측면에서 다양하게 이루어지고 있다. 전국 시도교육청 중 경기도교육청이 유일하게 2013년에 학부모회 조례를 제정하여 시행하고 있다.

2012년에는 교육부에서 '학부모 학교참여 시범학교 운영사업'을 전개하여 학부모 학교참여의 체계와 내용을 갖추는 데 주력하였다. 이러한 다양한 사업을 통해 시도교육청, 학교, 학부모의 학교참여에 대한 인지도가 증가하였다. 또한 학술연구를 통해 증명된 학부모참여와 학부모교육의 긍정적 효과에 대한 발표가 많이 이루어져 학교참여에 대한 관심이 증가하는 추세이다.

그러나 치맛바람 등의 용어에서 드러나듯 왜곡된 학교참여의 부작용 때문에 학부모의 학교참여에 대한 부정적인 인식이 아직 남아 있다. 학부모의 학교참여를 일부 학부모들의 배타적이고 독점적인 활동으로 인식하거나 학교가 동원하는 학부모의 노력봉사로 여기는 경우도 많다. 이러한 부정적 인식 때문에 학교나 학부모 모두 학교참여를 꺼려하거나 부담스러워 한다. 학교와 가정 간 소통은 자녀에게 문제나 사건이 있을 때만 이루어지는 것으로 여기거나, 학교생활에 잘 적응하는 학생의 부모는 굳이 학교를 방문할 필요가 없는 것으로 생각하기도 한다.

실제로 2012년 '학부모의 자녀교육 및 학교참여 실태조사'에 따르면, 학부모의 22.8%는 '담임교사와 만나는 것이 부담스러워서' 학교참여를 어려워하고, 14.7%는 '학교에 갈 필요성을 못 느낀다'고 응답하여 학교참여의 중요성을 인식하지 못하는 것으로 나타났다(이강이 외, 2013). 학교와 교사가 부담스럽기 때문에 학교참여가 어렵다고 한 학부모들은 학교에 대한 심리적 거리감을 가지고 있다고 볼 수 있다(그림 5-1 참조).

같은 조사 내용을 참고하면, 학부모의 64.7%는 학교교육 개선을 위한 활동에 참여할 의사가 있다. 그러나 그림 5-2와 같이 낮 시간대에 이루어져서(18.2%), 참여할 수

> **학부모회** ‖ 학부모들이 참여하는 임의단체로 학교교육활동을 지원하고 회원 상호 간 친목을 도모하는 활동을 함.

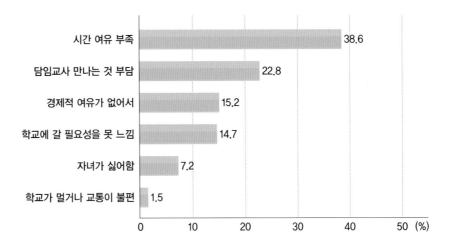

그림 5-1 학부모 학교참여를 어렵게 하는 개인 차원의 이유
자료: 이강이 외(2013). 2012년 학부모의 자녀교육 및 학교참여 실태조사. 서울대학교 학부모정책연구센터.

있는 일이 적음(16.9%), 공식적 대화 기회 부족(13.9%), 홍보 부족(11.7%), 이해와 정보 부족(11.4%), 시설 공간 부족(9.6%), 재정적 지원요구 부담(8.2%), 비민주적 운영(4.6%), 학교장과 교사의 태도(3.3%) 등의 다양한 학교 차원의 장애물 때문에 학교참여를 하지 못하고 있다. 즉, 학부모들은 학교참여에 대해 활동시간대가 안 맞고, 기회가 부

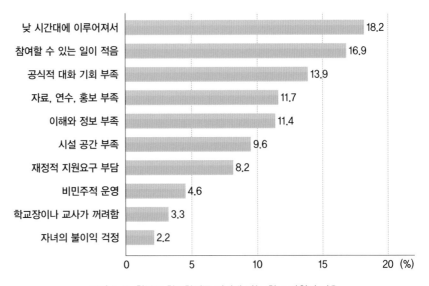

그림 5-2 학부모 학교참여를 어렵게 하는 학교 차원의 이유
자료: 이강이 외(2013). 2012년 학부모의 자녀교육 및 학교참여 실태조사. 서울대학교 학부모정책연구센터.

족하다는 점을 가장 중요하게 지적하였고, 이러한 기회 부족에는 정보 및 홍보 부족, 시설 부족 등 학교의 열악한 환경과 소극적 태도가 주된 원인이라고 보았다.

학부모의 학교참여에 대한 학부모, 학교, 사회의 인식 개선을 위해서는 가정, 학교, 사회적 차원의 장애요인을 잘 파악하고, 개선하기 위한 노력이 필요하다. 먼저 학부모들은 학교참여가 권리이자 책무라는 점을 인식하고 적극적으로 참여하고자 하는 노력을 기울여야 한다. 학교참여는 시간과 노력을 기울여야 한다는 점에서, 그리고 학교와 지속적으로 소통해야 한다는 점에서 쉬운 일이 아니다.

일과 가정생활을 양립해야 하는 아버지, 취업주부, 한부모에게 학교참여는 특히 더 어려운 일이다. 그러나 학교와 동반자가 되어 자신의 자녀뿐 아니라 자녀가 교육을 받고 있는 학교환경과 문화를 개선하고 발전시키는 데 기여하는 것은 학부모의 책무이기도 하다는 점을 인식하여 시간과 노력을 들여야 한다.

학교 차원의 장애물이 생기는 배경에는 학교교육을 책임지고 있는 학교장과 교사들이 학부모에 대해 심리적 거리감을 보이는 점, 학부모들이 학교운영에 과도하게 간섭하여 교권이 침해될 것을 우려하는 점 등 학교의 부정적 인식이 있다. 학부모들이 학교교육과 운영에 적극적으로 참여할 수 있는 기회와 여건을 마련하기보다는 형식적이고 일회적인 학부모참여를 유도하는 현실도 이러한 인식을 반영하고 있다. 맞벌이가족이나 한부모가족이 증가하면서 학부모가 학교에 참여할 수 있는 여건이 변화함에도 불구하고, 이러한 변화에 무관심하고 전통적인 학교참여 방식을 고수하는 학교의 경직성도 장애물이다.

학교는 학부모 학교참여의 긍정적 효과를 극대화할 수 있는 방안을 모색하는 노력이 필요하다. 이를 위해서는 학교장과 교사의 인식 개선이 필수적이며, 학교장·교원 연수 시 학부모 학교참여에 대한 내용을 포함할 필요가 있다. 평소 교원들은 교육 및 직무역량 강화를 위해 집합교육이나 원격교육의 형태로 다양한 주제의 연수 프로그램에 참여한다. 그런데 학부모에 대한 이해, 학부모 학교참여, 학부모교육 등 교원과 학부모 사이의 이해와 소통을 돕기 위한 내용의 연수 프로그램은 많지 않은 편이다. 교원과 학교의 인식 개선을 위해서는 이러한 연수 프로그램을 제공할 필요가 있다.

사회적 차원의 인식 개선은 학부모의 학교참여가 기본적인 권리라는 점을 인정하고 이를 보장하는 분위기를 조성하기 위해 필요하다. 예를 들어, 학부모 학교참여 휴가제와 같이 학부모들이 학교의 다양한 교육활동에 참여할 수 있는 시간을 제도적으로 보장하는 것이 필요하다. 학부모 학교참여 휴가제란 '직장생활을 하는 학부모들이 자녀교육을 위해 자녀가 다니는 학교에 참석해야 할 때 사용할 수 있는 휴가제도'로 미국, 캐나다 등에서 활용되고 있다(진미정·이현아·김엘림, 2012).

이러한 제도는 학교교육에 참여할 학부모로서의 권리를 지원하고, 아버지나 취업한 어머니들에게도 학교에 참여할 수 있는 기회를 제공하기 위한 것이다. 앞으로 기혼여성의 경제활동 참여율이 증가하고, 아버지들의 교육적 관심이 증가할 것으로 예측되는 바, 학부모 학교참여의 새로운 형식과 내용을 고안하여 보다 많은 학부모들이 부담없이 학교에 참여할 수 있도록 지원해야 한다.

학부모교육은 학부모를 대상으로 학교참여의 필요성과 효과를 강조할 수 있는 중요한 인식 개선의 채널이다. 학교는 교육을 통해 학부모들을 학교에 보다 많이 참여시킬 수 있고, 학부모들은 교육을 통해 필요한 정보를 제공받고 학교참여방법을 배울 수 있다. 따라서 학교에서 학부모교육을 담당하는 교사, 전문인력들이 학부모교육의 중요성을 인식하고, 학부모교육의 활성화를 통해 학교참여를 제고하는 노력이 필요하다.

학부모 학교참여 시범학교를 대상으로 한 연구에 따르면, 학부모교육에 참여한 적이 있는 학부모들은 참여경험이 없는 학부모에 비해 학교에 대한 만족도가 높았다(이강이, 최인숙, 서현석, 2013). 제1장에서 언급한 바와 같이, 학부모교육에 참여한 학부모들은 대부분 학부모교육이 자녀교육에 도움이 되었다고 하였다(최상근 외, 2010; 최상근 외, 2011; 이강이 외, 2012). 학교가 학부모들의 자녀교육을 위해 교육프로그램을 계획하여 제공한다는 점이 학부모들에게 학교만족도를 높이는 요인이 된다. 학부모교육을 통해 부모들은 학교와 소통할 수 있고, 학교에 대한 정보도 얻을 수 있으며, 나아가 학교에 대한 긍정적 이미지를 얻게 된다.

이러한 다양한 이점을 고려할 때, 학교와 학부모 모두에게 학부모교육이 얼마나 중요한 기능을 하는지 다시금 깨닫게 된다. 학부모들이 학교에 참여할 수 있는 방법은 여러 가지이다. 학부모회나 학교운영위원회에 참여할 수도 있고, 다양한 교육기부 활동에 참여할 수도 있다. 그중에서도 가장 기본이 되는 것은 학부모교육에 참여하는 것이다. 학부모교육에 참여하는 것은 상대적으로 가장 쉬운 방법이지만, 효과는 매우 크다. 이를 통해 학부모는 자녀교육에 대한 역량을 개발할 뿐 아니라, 학교에 대한 관심과 이해를 높임으로써 다른 유형의 학교참여를 가능하게 하고 궁극적으로 학교에 대한 만족도를 높일 수 있다. 부모의 학교만족도는 자녀의 학교만족도에도 영향을 미친다. 부모가 학교에 긍정적인 이미지를 가지고 학교를 신뢰한다면, 자녀들의 학교적응에 긍정적인 영향을 미칠 수 있다.

2 학부모교육 전문인력의 양성

1) 학부모교육 전문인력의 자격요건과 역할

학부모교육 발전을 위한 두 번째 과제는 학부모교육 전문인력을 양성하는 것이다. 학부모교육 전문인력이란 다양한 현장에서 학부모를 대상으로 교육 프로그램을 운영하여 소정의 교육목적을 달성할 수 있는 전문성을 갖춘 인력을 의미한다. 현재 우리나라에는 학부모교육 전문인력이 없고, 전·현직 교사, 평생교육 전문가, 부모교육 강사, 학부모 리더, 가족상담사, 청소년상담사, 아동상담사 등 아동·청소년 전문가들이 학부모교육을 담당하고 있는 실정이다. 이러한 전문인력은 아동·청소년 발달 및 부모역할수행에 대한 전문적 지식과 경험을 갖추고 있다는 점에서 학부모교육의 잠재적 전문인력으로 볼 수 있다.

> **학부모교육 전문 인력**
> ‖ 다양한 현장에서 학부모를 대상으로 교육 프로그램을 운영하여 소정의 교육목적을 달성할 수 있는 전문성을 갖춘 인력

그러나 주지하다시피 학부모교육은 부모교육과 차별화되는 내용이 있기 때문에 일반적인 부모교육에 필요한 전문성 외에도 학부모가 교육의 주체로서 학교와의 관계에서 어떤 역할을 수행해야 하는지에 대한 전문적 지식과 동기부여의 전문성을 갖춘 인력이 수행해야 할 교육이다. 학부모교육에서는 일반적인 부모교육에서 요구되는 전문지식 외에도 학교 현장에 대한 이해, 학부모참여의 다양한 유형에 대한 지식, 학부모의 교육역량강화라는 목적 및 학부모-학교 파트너십 구축이라는 목적을 동시에 달성할 수 있는 전문성을 필요로 한다.

학부모교육 전문인력이 우선적으로 갖추어야 할 전문적 지식은 학부모교육의 구성요소에 해당하는 ① 학부모 자신에 대한 발달적 이해, ② 아동·청소년에 대한 발달적

이해, ③ 가족 및 부모-자녀관계에 대한 이해, ④ 지역사회에 대한 이해, ⑤ 학교교육 이해와 참여 및 교사와의 소통 방법 이해, ⑥ 교육정책 및 학교정책 등에 대한 이해, 학부모교육의 방법론에 해당하는 ⑦ 프로그램 개발 및 교수 방법 등이다.

즉 일반적 부모교육에 필요한 인간발달 및 가족에 대한 이해, 프로그램 개발 및 교수 방법에 대한 이해에 더하여 지역사회의 자원, 지역사회와의 협력, 학교 현장 및 교육정책에 대한 이해를 갖추는 것이 학부모교육 전문인력의 기본적인 요건이다. 이러한 전문적 지식과 기술을 갖춘 인력 중 학부모교육을 통해 학부모 자신의 발달을 돕고, 아동·청소년의 건강한 발달과 부모-자녀관계를 형성하며, 행복한 교육공동체를 만드는 데 기여하고자 하는 의지와 사명감을 갖춘 인력이 학부모교육 전문인력이다.

학부모교육의 전문인력은 ① 학부모교육의 운영자, ② 학부모교육의 수행자로 구분하여 살펴볼 수 있다. 먼저 학부모교육의 운영자는 실제 교육을 담당하는 인력이 아니라 학부모교육을 기획·준비하여 프로그램을 운영하고 평가를 담당하는 주체이다. 각급 학교에서는 교사가 학부모교육의 운영자가 될 수도 있고, 학부모회 임원이 그 주체가 될 수도 있다. 시도교육청 및 학부모지원센터에서는 담당인력이 학부모교육의 운영자가 된다. 학부모교육 운영자는 학부모교육이 부모교육과 차별화되는 점을 주지하고, 학부모교육에서 다루어야 하는 주제를 파악하고 있어야 한다. 또한 제4장에서 다룬 학부모교육 프로그램의 활용 단계에 맞춰 학부모교육을 기획·실시·평가할 수 있어야 한다.

학부모교육의 수행자는 학부모교육 강사를 뜻한다. 학부모교육 강사는 학부모에게 직접 교육과정과 내용을 전달하는 전문인력이다. 학부모교육 강사는 교육과정에 대한 깊이 있는 이해와 교육대상에 대한 공감과 이해를 갖추어야 한다. 그런 면에서 학부모역할을 수행해본 경험이 있는 사람들이 학부모교육 강사로 활동하면 공감과 동기부여가 쉽다는 장점이 있다. 학부모교육 강사는 학부모교육의 질을 결정하는 일차적 요인이다. 대상에 맞는 주제 선정, 교육대상과의 라포 형성, 시간 배분, 교육내용의 효과적 전달 등은 학부모교육 강사의 역량과 경험에 따라 달라지며, 교육대상인 학부모들의 만족도를 결정짓는다.

학부모교육 전문인력의 역할은 첫째, 학부모의 부모 역량을 강화하고 가정의 교육적 기능을 지원하는 것이다. 학부모들이 자녀의 발달단계에 맞는 특성을 이해하고,

학부모교육의 운영자
‖ 학부모교육을 기획·준비하여 프로그램을 운영하고 평가를 담당하는 주체

학부모교육의 수행자
‖ 학부모에게 직접 교육과정과 내용을 전달하는 전문인력

자녀의 고유한 적성과 개성을 발휘할 수 있도록 격려하도록 부모 자신이 건강한 자녀양육 가치관을 형성하도록 돕는 것이 중요하다. 또한 자녀들의 통합적인 인성을 발달시킬 수 있는 가정환경과 기회를 제공하는 학부모의 역할을 잘 수행할 수 있도록 지원하는 것이 학부모교육 전문인력의 역할이다. 이를 위해 전문인력은 학부모들이 일차적으로 자신의 양육방식과 부모-자녀관계의 현실을 점검하고 성찰할 수 있는 기회를 제공하여 부모역량을 강화하는 데 도움을 주어야 한다. 자녀들의 건강한 인성 함양에 효과적인 양육을 하고 있는지, 의도하지 않게 스트레스를 주고 있는 것은 아닌지 스스로를 돌아볼 수 있는 기회를 주고, 부모역할 수행에 필요한 의사소통 기술, 공감과 이해, 코칭 등 실천적 기술의 훈련기회를 제공하는 것이 중요하다.

> **학부모교육 전문인력의 역할** ‖
> ① 학부모의 부모역량 강화
> ② 학부모의 학교참여 동기부여
> ③ 학교-학부모 사이에서 소통자 역할

둘째, 학부모교육 전문인력은 학부모들이 스스로의 권리와 의무를 재확인하고 이를 수행할 수 있도록 동기부여를 해야 한다. 우리나라 학부모들은 개별적인 자녀교육에는 적극적이지만, 공동체로서의 학교 발전에 기여하는 학교참여에는 소극적인 편이다. 학업과 체험활동 등 직접적인 교육활동에 관심이 많고 적극적으로 지원하지만, 내 자녀와 직접적으로 관련이 없다고 생각되는 학교활동에는 참여가 저조한 편이다. 학부모의 학교참여가 자녀교육에 직간접적으로 영향을 미친다는 사실은 많은 연구를 통해 밝혀져왔다. 학부모참여를 통해 학교 환경을 개선하고 학교문화를 발전시키는

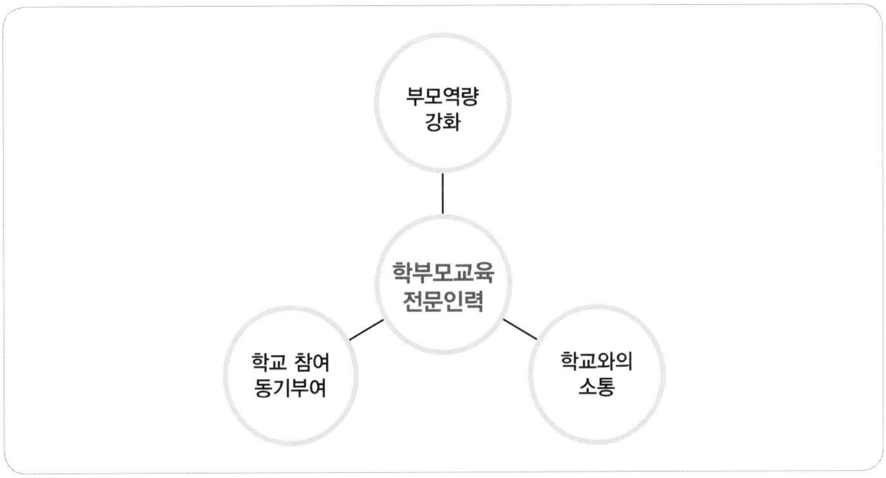

그림 5-3 학부모교육 전문인력의 역할

것은 건강하고 안전한 학교를 만드는 데 기여하는 것이며, 모든 학생에게 긍정적인 영향을 미치는 일이다. 학부모가 보다 적극적으로 학교교육에 참여할 수 있도록 책무를 일깨우고 인식을 개선하는 것이 학부모교육 전문인력의 중요한 역할이다.

셋째, 학부모교육 전문인력은 학교 및 지역사회와의 소통자 역할을 한다. 학부모교육 전문인력은 주로 학부모와 상호작용하지만, 경우에 따라서는 학교나 지역사회의 다양한 기관들과 상호작용하기도 한다. 특히 학교에서 학부모교육을 하는 경우 학부모교육 전문인력은 학교와 적극적으로 소통해야 한다. 학부모와 학교 간 파트너십 구축을 위해서는 학교의 요구와 상황을 파악할 필요가 있기 때문이다. 학교마다 학부모회의 구성과 역할이 다르며 활성화 정도도 다르기 때문에 이를 먼저 파악해야 한다. 학교에서 기대하는 학부모 교육 참여의 내용과 방법에 대해서도 미리 파악하는 것이 필요하다.

또한 학부모교육을 통해 파악한 학부모의 요구를 학교에 전달하는 역할을 하기도 한다. 학부모교육이 아직 보편화되지 않았기 때문에 학부모교육 전문인력은 부모교육과 차별화되는 학부모교육을 소개하고, 그 필요성과 중요성을 강조하는 역할을 수행하여야 한다. 또한 지역사회의 다양한 전달체계에 대한 정보와 어떤 전달체계에서 어떤 학부모교육을 필요로 하는지도 알고 있어야 한다. 지역사회 내에 활용할 수 있는 다양한 인적·물적 자원을 파악하고, 이러한 자원을 서로 연계하는 역할을 해야 한다.

2) 학부모교육 전문인력의 자세와 태도

학부모교육 전문인력은 전문인으로서 직업윤리와 태도를 갖춰야 한다. 첫째, 교육참여자인 학부모의 다양한 욕구와 상황을 존중하고 인정하는 자세가 필요하다. 학부모교육에 참여하는 학부모들은 다양한 배경과 특성, 가치관을 가지고 있다. 이러한 특성과 가치관에 동의하지 못하더라도 이를 인정하고 존중하는 태도로 임해야 한다. 학부모교육 전문인력이 일방적으로 자신의 가치관이나 철학을 강조하거나 강요한다면 바람직한 상호작용이 이루어지기 어렵다. 학부모 자신이 스스로 문제점을 발견하고 해결방안을 찾을 수 있도록 기회를 제공하는 것이 전문인력의 자세이다. 또한 이러한 학부모의 노력을 격려하여 지속적인 동기부여를 하는 것이 중요하다.

둘째, 전문인력은 학부모교육 현장에서 알게 된 학부모 혹은 그 자녀들에 대한 정보를 외부에 노출시키지 말아야 한다. 전문인력은 개인정보보호법에 따라 개인정보의 수집, 유출, 오용, 남용으로부터 사생활의 비밀을 보호하고자 노력해야 한다. 특히 자녀문제에 대한 학부모들의 고민을 듣고 이를 사례화하여 노출하지 않도록 주의를 기울여야 한다.

개인정보보호 의무 ‖ 학부모교육 전문인력은 개인정보보호법에 따라 개인정보의 수집, 유출, 오용, 남용으로부터 사생활의 비밀을 보호해야 함.

셋째, 전문인력은 교육에 참여한 학부모와의 관계에서 신뢰를 구축해야 한다. 학부모교육이 일회기로 이루어지든, 다회기로 이루어지든 상호 간 신뢰관계를 구축하는 것은 매우 중요하다. 이러한 신뢰관계를 위해서는 전문인력이 학부모의 필요와 욕구에 대해 진심으로 관심을 기울이고, 학부모가 경험하는 문제를 해결하고 도우려는 자세를 갖추어야 한다. 또한 전문인력으로서 필요한 전문성과 경험을 갖추어 학부모들이 교육내용을 신뢰할 수 있게끔 만들어야 한다. 이를 위해서 학부모교육 전문인력은 학교현장과 교육정책, 아동·청소년의 문화와 발달특성, 가족환경의 변화하는 추세에 민감하게 반응해야 하며, 항상 스스로 학습하는 자세를 갖추어야 한다.

3) 학부모교육 전문인력의 훈련과정

학부모교육 전문인력의 중요성에도 불구하고, 부모교육과 차별화되는 전문인력을 양성하는 공식기관은 없다. 현재 부모교육과 학부모교육에 관련된 자격증은 모두 민간자격증이다. 우리나라 민간자격증은 '자격기본법'에 근거하여 한국직업능력개발원 민간자격관리운영센터에 등록된 자격증을 의미한다. 2008년부터 민간자격 등록제도가 시행됨에 따라 금지분야(국민의 생명, 건강, 안전, 국방에 직결되는 분야)가 아닌 민간분야에서 개인, 법인, 단체 누구나 자율적으로 민간자격을 신설하여 관리·운영할 수 있게 되었다. 산업사회 발전에 따른 다양한 자격 수요에 부응하고, 자격제도 관리주체의 개방화와 다원화를 추진하며, 관리·운영제도의 체계화와 효율화를 도모하기 위해서 민간부문의 참여를 활성화하게 되었다.

민간자격증 ‖ '자격기본법'에 근거하여 한국직업능력개발원 민간자격관리운영센터에 등록된 자격증으로 공인자격과 비공인자격으로 구분

등록된 민간자격증은 공인자격과 비공인자격으로 구분된다. 공인민간자격증은 검정기준, 검정과목, 응시자격 등 검정수준이 국가자격과 같거나 비슷한 자격으로 주무부장관이 자격의 신뢰를 확보하고 사회적 통용성을 높이기 위해 공인하는 절차를

거친다. 비공인민간자격은 공인과정 없이 주무부장관에게 등록하는 민간자격증이다. 2013년 8월 현재 우리나라의 공인민간자격증은 총 91종이며, 비공인민간자격증은 5,378종이다(오혁제, 2013). 이러한 민간자격증 중 부모교육이나 학부모교육 관련 자격증은 총 28종으로 주로 부모교육상담사, 부모교육지도사, 부모코치, 부모코칭지도사 등의 명칭으로 운영되고 있으며 민간영리단체에서 발급·운영하는 자격증이다.

이러한 부모교육과 관련된 민간자격증은 표준화된 교육과정이나 공통된 자격취득 및 유지요건이 없기 때문에 교육과정의 내용과 이수시간규정 등이 다양하다. 최저 6시간의 교육과정 이수만으로 취득할 수 있는 자격증부터 관련 전공자를 대상으로 일정 시간 이상의 현장경험을 요건으로 하는 자격증까지 다양하다. 따라서 민간자격증만으로는 학부모교육 전문인력의 역량이나 경험을 판단하기 어렵다.

민간자격증을 교부하지는 않지만, 각 시도교육청에는 학부모 리더와 학부모교육 강사 양성 프로그램을 운영하는 곳도 있다. 서울특별시교육청에서는 2012년부터 상담·멘토링, 학교참여(자원봉사), 학부모교육 분야의 학부모 리더 연수 프로그램을 운영하고 있다. 학부모 리더란 "학교참여 경험이 풍부하고, 자발적인 참여의지가 높은 학부모를 중심으로 상담·멘토링, 학교참여(자원봉사), 학부모교육 분야 등 핵심분야에서 활동하여 학부모교육 참여문화 확산에 앞장서는 학교참여의 핵심주체(서울특별시교육청, 2012)"를 의미한다. 즉 학부모 중에서 학교참여에 대한 경험과 활동 의지를 갖춘 사람을 리더로 양성하는 과정인데, 양성과정의 핵심분야 중 하나가 바로 학부모교육이다.

서울특별시교육청의 양성과정은 기본연수과정과 심화연수과정으로 구분되어 운영되었다. 기본연수과정은 학부모 학교참여 활성화를 위한 학부모 리더의 역할, 교육주제(자녀와의 대화, 진로지도, 자기주도학습지도)에 대한 시범강의 및 강의전략에 대한 교육과 분임토의 등 총 270분으로 구성되었다. 심화연수과정은 인성지도, 학부모표 성공 강의법, 부모역할 훈련, 학습지도, 진로지도, 강사요건 등 총 6개 프로그램(각 90분)으로 구성되어 운영되었다.

기본연수과정 및 심화연수과정 이수 후에는 각 시도교육청 및 학부모지원센터, 학부모교육원, 단위학교, 기타 지자체 및 민간비영리단체에서 운영하는 교육 프로그램을 60시간 이수하여야 한다. 60시간 교육이수의 목적은 기본연수과정에서 다루지 못

학부모 리더 ‖ 학교참여 경험이 풍부하고, 자발적인 참여의지가 높은 학부모를 중심으로 상담·멘토링, 학교참여(자원봉사), 학부모교육 분야 등 핵심분야에서 활동하여 학부모교육 참여문화 확산에 앞장서는 학교참여의 핵심주체

표 5-1 서울특별시교육청 학부모강사 심화연수 과정 예시 1

분야	내용	시간
공통 분야 (상담 · 멘토링, 학교참여, 학부모강사)	• 학교폭력의 정서적 배경 이해하기 – ADHD, 우울증, 게임중독 등	2
	• 학교폭력 가 · 피해학생 학부모 상담 – 효과적인 갈등중재법	2
학부모강사 분야	• 강의 준비의 실제 – 강사의 요건 및 자가진단(체크리스트) – 성공을 보장하는 강의준비 원리와 방법 • 퀴즈와 역할극을 통한 학교폭력 예방교육	4
	• 강의안과 프로필 작성법 – 변화대응적 강의전략과 강의안 작성 방법 – 효과적인 강의안 유형 및 사례 연구	2
	• 성공적인 강의를 위한 소양교육 – 수업관찰법의 이해와 적용	2
	• 컴퓨터 활용교육 I , II – 창조적 Spot기법 배우기 – 필요한 이미지, 동영상 찾기 – 강의안(ppt) 및 프로필 작성 실습	4
	• 학교폭력 이해 향상을 위한 자율연수 – 영상 및 도서 감상 후 소감문 쓰기 – 시, 포스터, UCC 제작하기 – 학교폭력 전문강사 연수 청강하고 소감문 쓰기	6

표 5-2 서울특별시교육청 학부모강사 심화연수 과정 예시 2

분야	내용	시간
인성지도 및 강의법	• 인성지도 – 매력이 경쟁력이다	1.5
	• 학부모표 성공강의법 – 아마추어강사로 스타강사 따라잡기	1.5
부모역할훈련	• 부모역할 훈련 – 웃음과 유머로 자신감 있는 아이 키우기	1.5
	• 학습지도 – 배움의 역주행, 사교육을 파헤치다.	1.5
진로지도	• 진로지도 – 자녀의 성공을 돕는 부모리더십	1.5
	• 강사의 요건 – 나는 서울시교육청 학부모강사다	1.5
자율연수	• 강의교안 제출 – A4 또는 PPT 10매 내외(자율주제)	3
계		12

하는 학부모교육에 필요한 기본소양과 전문지식을 습득하고, 청강을 통해 효과적인 강의법, 강의태도, 강의안 작성법을 배우며, 본인의 학부모교육 전공분야를 탐색할 수 있는 기회를 주는 것이다(서울특별시교육청, 2012). 또한 학부모 리더의 60시간 교육이수를 통해 서울특별시교육청에서 진행하는 학부모교육 모니터링과 발전방안을 제시하는 역할도 수행하기를 기대하고 있다.

학부모교육 강사로 활동하기 위해서는 현장경험이 중요하다. 서울특별시교육청에서 학부모교육을 담당할 학부모 리더들에게 60시간의 교육을 이수하도록 하는 이유도, 현장에서의 경험이 학부모의 요구도, 현장에서의 집단 역동성, 교육집단 운영기술 등을 파악하는 데 도움을 주기 때문이다.

이상 살펴본 바와 같이 다양한 전달체계와 현장에서 학부모교육을 수행하는 전문인력이 특정한 자격증을 보유할 필요는 없기 때문에, 현재 활동하는 학부모교육 강사들은 학문적 배경, 현장경험, 실천기술의 측면에서 다양성을 지닌다. 학부모교육의 효과성을 담보하기 위해서는 최소한의 자격요건과 충분한 현장 경험을 갖춘 전문인력이 학부모교육을 담당하여야 한다. 학부모교육에 참여하고자 하는 학부모는 강사의 자격증 보유여부보다는 교육 프로그램의 구성, 주제, 현장경험, 학교에 대한 이해 정도 등을 확인하고 참여하는 것이 바람직하다.

현재 서울특별시교육청에서는 학부모교육 강사풀 제도를 운영하고 있다. 교육청에서 실시한 소정의 기본 및 심화교육과정을 이수한 리더들을 학부모교육 강사로 등록하여 각급 학교나 학부모지원센터의 학부모교육 프로그램 강사로 활동할 수 있도록 돕는 것이다. 각 학교에서 이러한 강사풀 제도를 활용하는 것도 좋은 방법이다.

향후 공신력 있는 기관을 통해 학부모교육 전문인력을 양성하는 프로그램이 운영될 필요가 있다. 이러한 프로그램에는 ① 학부모교육의 구성요소에 대한 전문지식, ② 교수법, ③ 전문가 윤리, ④ 일정 시간 이상의 실제 연수 및 실무과정이 포함되어야 한다. 신뢰성 있는 프로그램을 통해 양성된 학부모교육 전문인력은 학부모교육의 질 향상에 필수적인 요건이며, 향후 학부모교육의 저변 확대와 활성화에 중요한 역할을 담당하게 될 것이다.

3 학부모교육의 전달체계 확대 및 연계

1) 학부모교육의 전달체계

현재 학부모교육은 다양한 기관에서 시행되고 있다. 대부분은 부모교육이라는 명칭으로 교육을 시행하고 학교, 학부모지원센터 등 교육부 관련 기관에서는 학부모교육이라는 명칭으로 교육을 시행하고 있다.

학부모교육(부모교육)을 시행하고 있는 기관은 크게 4가지 유형으로 구분할 수 있다. 첫 번째는 교육청, 교육부, 학교와 직접 관련된 기관이고, 두 번째는 중앙정부 및 지방정부에서 운영하는 (준)공공기관이며, 세 번째는 민간비영리법인에서 운영하는 사회서비스기관, 네 번째는 민간영리단체에서 운영하는 기관이다.

(1) 교육부, 교육청, 학교

◉ 교육부

교육부 공교육진흥과에서는 자녀교육역량 강화를 위한 내용 및 취학연령의 자녀를 둔 학부모를 대상으로 하는 자녀교육 내용을 사이버 콘텐츠로 개발하여 운영하고 있다(한울타리 학부모교실과 새내기 학부모교실). 교육부에서 제공하는 〈학부모 학교참여 길라잡이〉를 보면, 학부모교육의 영역을 학습지도, 진로지도, 학교참여 등을 구분하여 상세한 교육내용을 예시로 제공하고 있다.

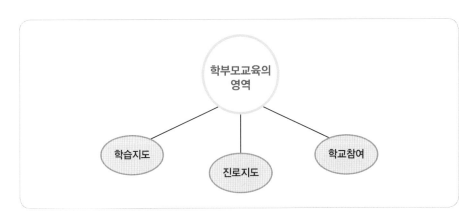

그림 5-4 학부모교육의 영역
자료: 교육부.

예를 들어, 학습지도영역에서는 자녀학습 플래닝, 자기주도학습, 학습동기 유발 및 집중력 향상, 학습부진 및 과잉행동장애, 독서교육, 글쓰기지도, 영어지도, 사이버 가정학습 등 사교육을 통하지 않고 부모가 직접 지도하거나 활용할 수 있는 학습지원 등 다양한 주제를 다루고 있다. 학부모교육 전문인력은 이러한 주제 중 교육대상의 요구도와 필요성을 반영하여 세부 주제를 선택하고 교육내용을 구성할 수 있다.

한울타리 학부모교실: 학부모 학교참여의 필요성

- 온라인으로 제공하는 학부모교육으로 총 9차시 내용으로 구성된다.
- 차시별 주제
  - 학부모 학교참여의 필요성과 의의
  - 올바른 인터넷 사용을 위한 부모의 역할
  - 청소년의 가출 이해와 지도
  - 꿈을 키우는 아이들 행복한 부모님을 위하여
  - 자녀들의 게임중독 및 예방
  - 휴대전화 과몰입 예방
  - 내 자녀의 성격유형지도
  - 미래 사회에 부응하는 자녀의 진로지도
  - 입학사정관제의 이해와 준비

왕초보 학부모를 위한 새내기 학부모교실

- 온라인으로 제공하는 취학 전 자녀를 둔 학부모를 위한 교육으로 총 9차시 내용으로 구성되고, 다문화가족을 포함한 자막 서비스를 제공한다.
- 차시별 주제
  - 취학 전 꼭 알아두세요 1
  - 취학 전 꼭 알아두세요 2
  - 처음 시작이 중요해요
  - 공부와 친해지기
  - 지혜로운 부모
  - 교육과정
  - 신나는 학교생활
  - 독서교육, TV·컴퓨터 사용교육, 경제교육
  - 건강한 습관 기르기

자료: 교육부(http://www.mest.go.kr).

◉ 교육청

학부모지원센터는 전국의 시도교육청이나 교육지원청과 연계하여 운영하는 학부모교육, 상담, 정보제공 등의 서비스 기관이다. 국가평생교육진흥원 내에 전국학부모지원센터가 설치되어 있으며, 전국 17개 시도에 총 94개소가 설치되어 있다. 전국학부모지원센터는 2011년 3월부터 홈페이지(http://www.parents.go.kr)를 통해 학부모를 위한 온라인 강좌를 무료로 제공하고 있으며, 주로 학교폭력 예방, 자유학기제, 교원능력평가, 게임중독 예방 등 정부 교육정책에 대한 소개와 정보제공을 다루고 있다. 대구광역시 학부모지원센터는 전국의 학부모지원센터들 중 유일하게 '학부모역량개발센터'라는 이름의 기관에서 학부모교육을 운영하고 있으며, 어느 학부모지원센터보다 다양한 학부모교육 프로그램을 제공하고 있다. 이 프로그램은 자녀의 연령별로 유치원, 초등학교, 중학교, 고등학교 학부모에게 각각 필요한 내용들로 구성되어 있다.

◉ 학교

학부모교육 제공 의무화에 따라 학부모회나 담당부서를 중심으로 학부모연수나 학부모교육을 제공하는 학교가 늘어나고 있다. 학교에서는 학부모를 대상으로 학교폭력 예방교육을 의무적으로 제공하여야 하며, 학부모총회를 활용하여 학부모연수를 실시하는 경우가 많다. 이러한 기회를 활용하면 많은 학부모들에게 시의성 있는 교육을 제공할 수 있다. 그런데 이러한 교육은 대개 일회적으로 이루어지는 경우가 많다. 한 번에 대규모의 학부모들을 대상으로 하기 때문에 강의 위주의 정보제공만이 가능한 것이다. 물론 이러한 방식의 교육도 필요하지만, 보다 효과적인 학부모교육을 위해서는 학교에서 다회기로 구성된 심화교육 프로그램을 제공할 필요가 있다. 학교가 일회적 교육과 심화교육을 적절히 배분하여 정기적으로 제공하면 학부모교육의 효과를 더욱 높일 수 있을 것이다.

◉ Wee

Wee는 학교부적응 및 학습부진 학생을 대상으로 출발한 통합적 교육지원 서비스망으로, 학교에는 Wee클래스, 교육지원청에는 Wee센터, 시도교육청에는 Wee스쿨이 설치되어 있다. 각 학교에서 학습부진, 따돌림, 학교폭력, 미디어 중독, 비행 등 학교

> **Wee** ‖ 학교부적응 및 학습부진 학생을 대상으로 출발한 통합적 교육지원 서비스망으로, 학교에는 Wee클래스, 교육지원청에는 Wee센터, 시도교육청에는 Wee스쿨이 있음.

표 5-3 Wee 프로젝트의 체계

구분	대상	내용
1차 안전망: Wee클래스	학습부진, 따돌림, 대인관계 미숙, 학교 폭력, 미디어 중독, 비행 등으로 인한 학교부적응 학생 및 징계대상자	• 단위학교에 설치 • 학교부적응 학생 조기 발견 예방 및 학교적응력 향상 지도

2차 안전망:
Wee센터
	단위학교에서 선도 및 치유가 어려워
	학교에서 의뢰한 위기 학생 및 상담 희
	망 학생
		• 지역교육청 차원에서 설치
		• 전문가의 지속적인 관리가 필요한 학
		  생을 위한 진단-상담 치유 원스톱 서
		  비스

3차 안전망: Wee스쿨	기숙시설에서 전문적 상담 개입과 학업 을 동시에 진행하는 개입이 요구되는 학생 또는 학업중단자	• 시도교육청 차원에서 설치 • 장기적으로 치유가 필요한 고위기군 학생을 위한 기숙형 장기위탁교육

자료: 최상근 외(2011). Wee 프로젝트 운영모델 개발 연구.

부적응 학생을 조기 발견하고, 지원이 필요한 경우 Wee센터를 통해 진단-상담-치료 서비스를 제공하고, 장기적인 치료와 치유가 필요한 고위기군 학생들을 기숙형 장기위탁교육기관인 Wee스쿨로 연계한다. 전국적으로 4,756개의 Wee클래스와 157개의 Wee센터, 7개의 Wee스쿨이 설치되어 있다.

Wee는 학생과 학부모 모두 이용할 수 있으며, 학부모들을 대상으로 상담·부모교육 서비스를 제공한다. Wee를 제외하면 이 유형에서 제공되는 학부모교육은 일반 학부모를 대상으로 일회적으로 실시되는 주제별 강의식 프로그램이 많은 것이 특징이며, 학교정책이나 교육정책 현안에 맞는 주제(예: 학교폭력 예방)에 대한 교육이 이루어진다.

(2) 중앙정부 및 지방정부기관

교육부가 아닌 중앙정부나 지방정부와 연계된 공공기관 혹은 (준)공공기관에서도 학부모교육을 실시한다. 이 기관들은 중앙정부와 지방정부로부터 예산을 받아 민간법인이나 단체에서 위탁 운영하는 경우가 많다. 대표적으로 여성가족부와 지방정부에서 운영하는 가족서비스 기관인 건강가정지원센터, 다문화가족지원센터, 청소년을 대상으로 상담 및 복지서비스를 제공하는 청소년상담복지센터 등이 여기에 속한다.

이외에도 지방정부가 운영하는 평생교육원, 도서관, 문화원 등이 학부모교육 프로그램을 운영하기도 한다.

◉ 건강가정지원센터

건강가정지원센터는 가족문제의 예방과 조기 개입을 목적으로 일반 가족을 대상으로 가족교육, 가족상담, 돌봄지원 서비스를 제공하는데, 이 중 부모교육을 대표적인 프로그램으로 운영한다. 건강가정지원센터는 한국건강가정진흥원이라는 중앙 조직과 전국 시도 및 시군구 단위에 151개의 지역센터가 있다. 건강가정지원센터의 부모교육 프로그램은 자녀의 발달단계별로 전문화된 다회기 프로그램, 아버지교육, 찾아가는 부모교육 등 다양한 교육내용이 특징이다.

> **건강가정지원센터**
> ‖ 건강가정기본법에 의해 가족문제 예방 및 해결, 가족친화 사회환경 조성을 위해 시·군·구 등 자치구에 설치된 가족서비스 제공기관

◉ 다문화가족지원센터

다문화가족지원센터는 외국인과 한국인간 결혼을 통해 형성된 다문화가족을 대상으로 초기정착 및 조기적응 지원, 언어교육 및 지원, 부모교육 및 가족통합교육 프로그램 등의 서비스를 제공한다. 다문화가족지원센터는 전국 시도 및 시·군·구 204곳에서 운영되고 있다. 다문화가족이 겪는 어려움 중 가장 큰 것이 자녀양육에 대한 것이므로, 부모의 자녀양육 역량개발을 위한 부모교육과 자녀양육지원 서비스를 중점적으로 제공하고 있다.

건강가정지원센터

다문화가족지원센터

그림 5-5 지역의 건강가정지원센터와 다문화가족지원센터

청소년상담복지센터

청소년상담복지센터는 위기 청소년이나 취약계층 청소년의 자립 및 복지지원을 위해 설립된 기관으로 지역사회 청소년통합지원체계인 CYS-Net으로 연결되어 있으며, 학교 및 교육청, 노동관서, 경찰관서, 청소년지원시설 등 다양한 기관과 연계망을 형성하고 있다. 한국청소년상담복지개발원 및 전국에 199개소의 청소년상담복지센터가 운영되고 있다. 청소년상담복지센터는 청소년을 대상으로 하는 상담서비스가 주 사업이지만, 부모교육 역시 주요 사업 중 하나로 포함되어, '자녀와 함께 성장하는 부모', '다문화부모교육', '따로 그리고 함께하는 부모' 등 '이음부모교육' 프로그램을 개발·제공하고 있다.

> **CYS-Net(Community Youth Safety-Net)**
> ∥ 지역사회 내 활용 가능한 지원을 연계하여 청소년을 효과적으로 돕기 위한 청소년지원 네트워크

평생교육원

평생교육원은 평생교육법에 근거하여 지방정부, 대학 등에서 운영하는 평생학습 교육기관이다. 지역사회에서는 평생학습 활성화를 위해 평생학습도시조성사업의 일환

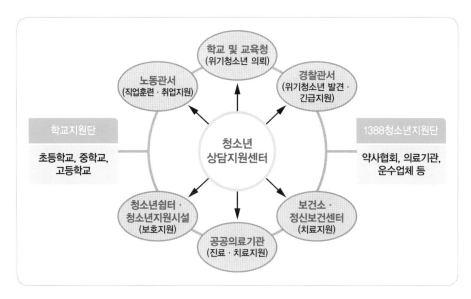

그림 5-6 청소년상담지원의 연계망

으로 평생교육원, 공공도서관 등 지역의 학습 자원을 연계하여 프로그램을 운영하고 있다. 대학에서는 지역의 평생고등교육의 핵심 허브로 기능하며, 지방정부와 연계하여 대학 평생교육 프로그램을 운영하고 있다(http://www.nile.or.kr).

지역 내 평생교육원에서는 취업·자격증교육, 취미교양교육, 외국어교육, 정보화교육, 학위과정 등 다양한 프로그램이 운영되는데, 이들 프로그램은 평생학습계좌제를 통해 개인의 학력이나 자격인정과 연결된 이력으로 관리된다. 이들 중 부모교육 프로그램을 운영하는 곳도 있다. 서울대학교 평생교육원에서는 온라인 프로그램으로 영아기 부모 및 유아기 부모를 대상으로 한 부모교육 새싹과정과 잎새과정을 운영하고 있다(http://snui.snu.ac.kr).

그 외 지역주민센터 등에서도 부모교육 프로그램을 운영하고 있으며, 이러한 프로그램들은 일반인 대상의 단회기 프로그램인 경우가 많다.

> **평생학습계좌제** ‖
> 개인의 다양한 학습경험을 학습계좌(온라인 학습이력관리시스템)에 기록·누적하여 체계적인 학습설계를 지원하고, 학습 결과를 학력·자격인정과 연계하거나 고용정보로 활용하는 제도

(3) 민간비영리기관

종합사회복지관, 종교기관, 학부모단체, 시민단체 등 민간비영리기관에서도 학부모교육 프로그램을 운영한다. 이러한 기관들은 소속기관의 회원이나 이용자를 대상으로 부모교육을 시행하거나 지역사회 주민을 대상으로 서비스를 확대하여 시행한다.

⊙ 종합사회복지관

종합사회복지관은 취약계층을 대상으로 서비스를 시작하였으나 최근에는 일반주민을 대상으로 다양한 평생교육 프로그램을 운영하고 있으며, 가족복지사업의 일환으로 부모교육, 상담, 사례관리 프로그램 등을 운영한다.

⊙ 학부모단체

교육정책, 아동·청소년 문제에 관심이 있는 학부모들의 자발적인 모임으로 아동·청소년의 권익, 학부모의 권리 및 교육 참여를 위한 활동을 주도하는 시민단체이다. 학부모단체에서도 회원들을 위한 정책세미나, 토론회, 학부모교육 프로그램을 운영한다. 이들은 교육정책이나 학교현장 및 학부모들의 욕구에 대한 전문성을 갖추고 있기 때문에 다양한 비영리기관 중 가장 학부모교육의 특성에 맞는 교육을 시행한다고 볼 수 있다.

⊙ 한국지역사회교육협의회

지역사회 교육운동을 하는 대표적인 비영리 민간단체로 지역사회 교육에 관한 조사연구 및 지역사회교육 전문가를 양성하고 교육공동체 형성을 위한 청소년, 부모, 지역주민을 위한 다양한 프로그램을 개발·보급하는 단체이다. 한국지역사회교육협의회는 1969년에 설립하여 현재 전국 31개 지부를 두고 지역사회 교육에 관한 조사연구 및 지역사회교육 전문가를 양성하고 교육공동체 형성을 위해 청소년, 부모, 지역주민을 위한 프로그램을 개발·보급하고 있다(http://kace.or.kr/p01_02). 부설기구로 '부모교육 종합센터'를 설치하여 1990년도부터 '건강한 청소년 육성을 위한 건강한 가정 만들기'라는 기치 하에 부모교육 프로그램을 제공하고 있다.

(4) 민간영리기관

백화점·유통기관 문화센터, 민간자격증 운영기관 등 영리기관은 주로 영유아기 자녀를 둔 부모나 예비부모를 대상으로 체험활동 중심의 프로그램을 운영하거나 단회기 유명강사 특강을 통한 부모교육 프로그램을 운영한다. 프로그램은 대부분 유료로 제공되지만 회원을 대상으로 무료 특별강연을 제공하는 경우도 있다. 민간자격증

운영기관은 앞서 소개한 부모교육전문가를 양성하는 영리교육기관으로 부모를 직접적인 대상으로 하기보다는 부모교육 강사나 전문가를 배출하려는 목적을 가지고 있다. 민간영리기관의 교육은 학부모교육에 특화되어 있는 경우가 많지 않으며, 교육내용과 수준에서 차이가 많이 나므로 학부모들이 선택할 때 주의를 기울여야 한다.

2) 학부모교육의 전달체계 간 연계

학부모교육이 반드시 학교, 교육청, 학부모지원센터에서만 이루어질 필요는 없다. 지역사회 내 다양한 기관들이 학부모를 대상으로 프로그램을 시행하고 있으며, 각각 강점을 가지고 있기 때문이다. 예를 들어, 건강가정지원센터에서는 부모교육뿐 아니라 가족 단위로 참여할 수 있는 여러 가지 프로그램을 가지고 있기 때문에 부모교육과 체험문화활동을 연계하고, 필요한 경우 심화된 가족상담 서비스도 받을 수 있다. 다문화가족지원센터에서는 다문화가족의 부모나 자녀를 대상으로 다양한 교육 프로그램을 제공한다. 청소년상담복지센터나 Wee센터에서는 학교부적응 문제를 겪는 아동·청소년 상담에 대한 전문성을 갖추고 있기 때문에 아동·청소년 문제가 있는 가정과 부모에게 보다 전문화된 서비스를 제공할 수 있다.

또한 이러한 지역사회 내 (준)공공기관에서 제공하는 부모교육은 대체로 전문성 있는 다회기 프로그램이므로 일회성 교육이나 연수보다 효과성 높은 교육을 제공할 수 있다. 그러나 이러한 기관에서 제공하는 부모교육에는 학부모교육이 갖춰야 할 필수적인 교육내용인 학교참여나 교육정책에 대한 내용이 빠져 있기 쉬우므로 각 기관에서 학부모교육을 시행할 때 학부모교육 전문인력을 활용하여 이 부분을 보완할 필요가 있다.

교육청이나 학교가 학부모교육의 일차적인 기관으로 구심점이 되어야 하겠지만, 지역사회의 다양한 기관들이 서로 협력한다면 학부모들에게 보다 많은 교육기회를 제공할 수 있고, 학부모들의 접근성을 향상시킬 수 있으며, 기관마다 특화된 교육서비스로 학부모의 다양한 요구와 필요에 맞는 교육내용을 제공할 수 있다.

지역사회 내 기관들의 서비스를 효과적으로 연계하면 학부모교육의 시너지효과를 거둘 수 있다. 지역사회와의 네트워크는 기존의 학교를 혁신할 수 있는 방안으로 제시되며(OECD, 2003; 김경애, 김정원, 2007 재인용), 체계적으로 통합된 평생학습을 지원할 수 있는 체제로 구상되고 궁극적으로 학습사회를 구축할 수 있는 방안이 된다.

네트워킹이 대안적인 교육체제로 부각되는 것은 그 안에서 교육기능과 기회가 상호 수평적·수직적으로 연결됨으로써 유기적인 협력그물망을 형성할 수 있다고 기대하기 때문이다(김경애·김정원, 2007).

지역사회 기관 사이에 네트워킹이 되지 않으면 자원이 비효율적으로 사용되고, 수요자의 입장에서는 서비스의 중복이나 사각지대가 발생한다. 학부모교육이 다양한 곳에서 제공되고 있지만, 학부모들은 어떤 기관을 찾아가 어떻게 교육을 신청해야 하는지 등의 정보를 모르는 경우가 많다. 또한 지역 내 기관이 서로 연결되어 있지 않으면, 학부모에게 필요한 서비스를 연계하여 제공하기 어렵다. 따라서 지역사회 내 기관들이 자발적으로 협의체를 구성하여 정보를 교류하고, 인적자원을 공동으로 활용하며, 학부모교육의 전문화와 다각화를 위한 전략을 공동 구상하여 실천할 때 보다 효과적이고 효율적인 서비스를 제공할 수 있을 것이다.

다만 향후 각 기관별로 일정수준 이상의 학부모교육을 제공하기 위해서는 학부모교육기관 인증제도처럼 일정 수준의 교육의 질을 보장하는 제도적 장치를 도입할 필요가 있다(옥선화 외, 2012).

학부모교육기관 인증제도란 일정수준 이상의 교육 프로그램, 학부모교육의 특성에 맞는 교육과정, 일정한 자격을 갖춘 강사, 교육환경 구비, 신뢰할 수 있는 교육과정 관리 등의 요건을 갖춘 기관을 학부모교육기관으로 인증하는 제도이다. 이 제도는 학부모들이 신뢰할 만한 교육을 받는 데 필수적이다. 지역사회 내 다양한 기관에서 학부모교육을 시행하고 있기 때문에 학부모교육의 질적 수준을 확보하고, 학부모교육 강사의 전문성을 보증하기 위해서는 이러한 인증제도가 필요하다.

예를 들어, 지역사회 내 학부모지원센터에서는 학부모교육의 표준 교과과정이나 모델을 제시하고, 학교 중심의 학부모교육 프로그램을 운영할 수 있다. 건강가정지원센터에서는 생애주기별 부모교육이나 아버지교육을, 다문화가족지원센터에서는 다문화가족의 부모 대상 프로그램을, 청소년상담복지센터는 위기 청소년이나 학부모를 대상으로 하는 심화교육과정 등을 운영하면서 서로 협력하면 학부모들에게 훨씬 다양하고 전문성 있는 교육기회를 제공할 수 있다.

이때 기관인증제도를 도입하여 학부모를 대상으로 하는 인증서를 발급할 수도 있다. 학부모교육기관 인증제도를 도입하기 위해서는 인증의 내용, 기준, 운영주체, 관

학부모 교육기관 인증제도
‖ 일정수준 이상의 교육 프로그램, 학부모교육의 특성에 맞는 교육과정, 일정한 자격을 갖춘 강사, 교육환경 구비, 신뢰할 수 있는 교육과정 관리 등의 요건을 갖춘 기관을 학부모교육기관으로 인증하는 제도

리방법 등에 대한 체계적인 연구와 준비가 필요할 것이다. 이러한 제도적 장치를 통하면 학부모교육의 질적 수월성을 높이고, 학부모교육의 효과를 향상시킬 수 있을 것으로 기대한다.

대전광역시 서부학부모지원센터의 지역 전문기관과 함께하는
학부모교육 네트워크 '어깨동무'

① 운영 개요
대전광역시 서부지역 초·중학교 학부모를 대상으로 지역의 상담, 복지, 교육 분야 9개 지역 전문기관이 협약을 맺고, 부모교육을 실시하였다.

② 목적 및 취지
학부모교육의 전문성 확보 및 접근성이 용이하도록 지역의 전문기관과 연계 체제를 구축하고, 네트워크 구축을 통해 전문적이고 체계적인 학부모교육을 제공하였다.

③ 운영체제 간 역할
대전광역시 서부교육지원청에서는 학부모참여 홍보 및 예산집행을 하였다. 지역 전문기관에서는 강사, 프로그램, 장소를 제공하고 진행하였다.

④ 학부모교육 네트워크의 지역 전문기관과의 연계내용

연계내용	협력 기관	전문성
학습·진로 교육	• 한국학습코칭코치맘학교 • 대전청소년교육연구원	학습진로교육 전문적으로 운영
부모-자녀관계	• 대전청소년상담지원센터 • 대전혜화리더십카운슬링센터	상담교육 전문적으로 운영
(저소득층) 건강한 가정 만들기	• 송강사회복지관 • 대전건강가정지원센터	건강가정교육 전문적으로 운영
(장애아동) 건강한 가정 만들기	• 정림종합사회복지관 • 하나평생교육원	소외계층 복지프로그램 운영
학부모 리더 육성	• 대전사회복지실천연구소	상담교육 전문적으로 운영

⑤ 운영성과
• 학부모교육에 대한 만족도 향상: 교육전문기관 연계를 통해 전문성에 대한 학부모 만족도가 평균 90% 이상으로 나타났다.
• 찾아가는 학부모교육: 지역별 연계기관을 활용하여 교육의 80% 이상을 지역별 찾아가는 학부모교육을 실시하여 접근성에 대한 만족도 평균 87% 이상의 높은 평가를 받았다.
• 학부모교육을 통한 인식 변화: 학부모의 자아발견 및 자녀양육에 대해서 도움이 되었다고 인식하게 되었다. 부모 자신이 변해야 자녀와 가족이 변화할 수 있음을 인식하게 되었다.

자료: 옥선화 외(2012). 인성교육 비전 수립을 위한 정책 연구: 가정과 사회의 역할 강화 방안 연구. 교육부.

4 학부모교육의 제도화 및 활성화

최근 아동·청소년들의 학교적응 문제가 심각한 사회문제로 인식되면서 인성교육이 강조되고, 가정–학교–지역사회 간 협력체계 구축이 중요한 교육정책의 과제로 인식되고 있다(인실련, 2012). 이러한 배경에서 학부모의 학교참여가 중요해지고, 자녀교육역량강화와 학부모의 권리 및 책임을 강조하는 학부모교육의 중요성이 부각되고 있다.

학부모교육의 강화 방향은 2013년도 학부모지원정책 추진계획에서도 발견된다. 교육부의 2013년 학부모지원정책 추진계획(안)에 따르면, '학부모 자녀교육역량 제고'라는 추진과제 달성을 위해 '학부모의 수요와 특성을 고려한 맞춤형 교육강화'라는 추진전략을 제시하고 있다. 학부모교육을 활성화하기 위해 학교, 공공기관, 기업체, 종교계 등이 참여하는 학부모교육, 직장으로 찾아가는 학부모교실 등을 통해 학부모교육을 대폭 확대하는 안과 직장인, 취약계층 학부모 등 다변화된 수요를 고려한 학부모교육을 제공하여 교육만족도를 제고하겠다는 목표를 제시한다(교육과학기술부, 2013).

실제 이러한 추진계획을 실행하기 위해서는 학부모교육의 전문화 및 다각화 전략이 필요하다. 구체적인 내용을 살펴보면 첫째, 자녀의 발달단계에 맞는 정기적인 학부모교육이 필요하다. 학부모교육은 일차적으로 자녀양육에 대한 것이므로 일회적 교육이 아니라 자녀의 발달단계에 맞게 지속적으로 이루어져야 한다. 옥선화 외(2012)의 연구에서 주장한 바와 같이 일방적인 정보제공이나 특강 위주의 일회성 교육이 아니라 주제별로 심화된 교육내용의 정기적이고 지속적인 제공을 통해 교육효과를 기대할 수 있다. 특히, 학령단계별 부모교육은 필수적이다. 학교는 자녀의 발달단계별(유치–초등–중등–고등)로 부모교육을 이수하는 학부모교육이수제를 도입할 필요가 있다. 학부모총회나 학부모상담주간을 활용하거나 학기 초에 학부모교육주간을 지정하여 모든 학부모가 학교급에 맞는 학부모교육을 받도록 제도화하면 학부모의 참여를 제고할 수 있을 것이다.

둘째, 가족의 다양한 상황이나 필요에 맞는 맞춤형 학부모교육을 개발해야 한다. 자녀의 발달단계에 맞는 인성교육과 더불어 학부모의 성장과 자기성찰에 도움을 줄 수 있는 프로그램 및 자녀와 함께할 수 있는 프로그램을 확대하고, 일방적인 정보제

영국 Rathcoole 초등학교 학부모실 　　　　 서울시 ○○중학교 학부모실

그림 5-7 학부모를 위한 시설

자료: 옥선화 외(2012). 인성교육 비전 수립을 위한 정책연구: 가정과 사회의 역할 강화 방안 연구. 교육부.

공이 아닌 자녀양육과 교육에 대한 상담활동을 병행된다면 더욱 높은 교육효과를 기대할 수 있다. 따라서 학교운영위원회 혹은 학부모회, 각 기관의 학부모참여자를 대상으로 교육 프로그램의 내용, 주제, 방법, 장소, 시간대 등에 대한 의견을 조사하고 이를 반영하여 학부모들이 다양한 교육 유형을 선택할 수 있도록 교육의 유연성을 제고할 필요가 있다. 또한 정기적인 학부모 만족도 조사를 통해 학부모교육의 질을 제고해야 한다.

셋째, 교육기회 및 전달체계를 다변화해야 한다. 앞서 제시한 바와 같이 학교와 학부모지원센터를 구심점으로 학부모교육을 시행하되 학부모교육의 기반확대와 지역사회의 자원활용을 위하여 준 공공기관(건강가정지원센터, 청소년상담복지센터 등)이나 민간단체와의 네트워킹을 활성화해야 할 것이다. 또한 찾아오는 학부모에 대한 한정된 교육에서 벗어나 모든 학부모에게 적극적으로 찾아가는 학부모교육을 실시하며, 교육접근성 증진을 위하여 SNS와 온라인에 상시교육체제를 마련하는 것도 필요하다. 학부모교육에 참여하기 어려운 아버지나 취업 주부를 대상으로 한 학부모교육의 전면적 확대를 위하여 직장으로 찾아가는 교육을 실시하는 등 학부모교육 채널을 다각화하는 노력이 필요하다.

가족의 유형이 다양해지고, 가족환경이 복잡해지면서 학부모의 배경 특성도 다양해지고 있다. 획일화된 교육이나 소통 방식을 지양하고 다양한 시간대에 교육기회를 제공하고, 교육내용을 내실화하며, 학부모교육이 자연스럽고 편안한 방식으로 이루어질 수 있도록 노력해야 한다. 학교 내에 학부모들이 자유롭게 이용할 수 있는 학부모실과 같은 공간을 마련하고, 민주적인 의견수렴 과정과 평가과정을 거쳐 교육내용과 강사를 섭외하고, 무엇보다도 학교장과 교사가 학부모를 환영하는 분위기를 조성해야 한다. 학교장과 교사들은 학부모를 교육의 협력자로 존중하고 학부모들이 역량을 발휘하여 학교교육에 기여할 수 있도록 지원해야 한다.

학부모교육은 공교육의 활성화, 아동·청소년의 건강한 발달, 가족건강성 증진, 평생교육 및 시민교육의 관점에서 매우 중요한 의미를 가진다. 학부모교육이란 학부모를 학교교육의 파트너로 여기고, 아동과 가족의 건강한 발달을 주도하는 주체로 보며, 평생 학습하는 주체로 세우고, 권리와 책임을 균형있게 추구하는 시민으로 만드는 교육이다. 가족생활교육, 평생교육, 시민교육을 강조하는 현 시대에 가장 요구도가 높은 교육이며 확대될 교육이다.

현재 우리나라에서는 학교폭력 예방교육 등 학부모 대상 교육을 정례적으로 실시하는 것을 의무화하고 있으나 학부모들이 자녀교육을 위해 학부모교육에 참여해야 할 의무를 제도화하고 있지는 않다. 이러한 법적·제도적 근거의 부족은 학부모뿐 아니라 교육당국의 인식전환에 걸림돌이 된다. 해외에서 학부모교육을 제도화하거나 의무화한 사례를 찾아보자. 예를 들어, 대만의 '가정교육법'에서는 지방자치단체 가정교육센터를 통해 부모교육을 제공할 의무에 대해 명시하고 있으며 평생교육기관이나 학교를 통해 이러한 교육을 실시할 제도적 기반을 갖추고 있다.

우리나라에서도 중장기적으로 학부모교육 확대를 위해 학부모지원법(가칭)을 신설하거나, 현행 교육관련법(초중등교육법)에 학부모교육 관련조항을 추가하여 학교와 교육청 및 관련기관에서 학부모교육을 실시할 수 있는 법적 근거 규정을 제정하는 것이 필요하다. 이러한 제도적 기반을 통해 학부모교육을 제공할 당사자들의 의무를 확인하고, 자녀양육과 교육의 책임을 갖는 학부모들의 적극적인 교육 참여에 대한 책무를 강화할 수 있을 것이다. 이러한 책무가 강화된다면 어머니들뿐 아니라 아버지들과 기타 보호자들의 인식 개선을 유도할 수 있고, 참여도를 높일 수 있을 것이다. 또한 학부모들뿐 아니라 교육현장과 사회 전반적인 인식개선이 이루어지리라 기대한다.

본 장에서는 학부모교육의 과제를 여러 각도에서 살펴보았다. 학부모교육이 효과적으로 이루어지기 위해서는 먼저 학부모교육의 철학과 가치를 확인하고, 학부모교육에 필요한 구성요소를 이론화하며, 필요한 요건을 갖추는 전문인력을 양성하여 다양한 욕구를 가진 학부모를 대상으로 교육과정을 운영해야 한다. 지역사회 내의 다양한 전달체계를 확대·연계하고, 궁극적으로 학부모교육을 제도화함으로써 학부모교육은 물론 학부모들의 학교참여도 활성화할 필요가 있다.

학부모교육은 가정–학교–지역사회가 모두 참여하는 교육공동체를 만드는 데 가장 효과적인 수단이다. 학부모교육을 통해 학부모들의 자녀교육 역량과 학교교육 참여도를 향상시킴으로써 건강한 가정과 학교를 만들고 나아가 아동·청소년의 건강한 발달과 생활에 기여할 수 있기 때문이다. 학부모교육 활성화에 필요한 과제를 차근차근 해결한다면 우리 사회를 행복한 교육공동체로 만들 수 있을 것이다.

REFERENCE
참고문헌

국내문헌 ▶▶ 강상철, 정용하(1997). 학부모의 교육참여에 관한 연구. 교육발전논총, 18(2), 147-162.

강선경(2011). 부모역할훈련 프로그램이 부모자녀 간 의사소통, 가족유연성 및 가족관계 향상에 미치는 효과성에 관한 연구. 한국가족복지학, 34-12, 109-136.

공동체육아와 공동체교육(2009). 가족친화 마을 만들기 모델 개발을 위한 연구. 보건복지부.

교육과학기술부 학부모정책팀(2010). 2010년 학부모교육 지원사업 추진계획(안). 미발간자료.

교육과학기술부(2012). 전국 학부모 학교 참여 시범학교 워크숍 자료집. 서울: 교육과학기술부.

교육과학기술부(2013). 2013년 학부모지원정책 추진계획(안). 미발간자료.

교육부(2013). 100세 시대 국가평생학습체제 구축을 위한 제3차 평생교육진흥기본계획(안) (2013-2017).

교육부(2013). 2013 학부모 학교 참여 시범학교 워크숍 자료집. 서울: 교육부.

교육부(2013). 학부모교육 업무매뉴얼 2013. 국가평생교육진흥원 전국학부모지원센터.

교육과학기술부, 경상남도교육청(2012). 학부모 지원 업무담당자 워크숍 자료.

국가평생교육진흥원 전국학부모지원센터, 교육부(2013). 학부모교육 업무매뉴얼 2013. 서울: 국가평생교육진흥원·교육부.

국가평생교육진흥원, 교육부(2013). 2013년 행복한 자녀교육 길라잡이.

국가평생교육진흥원, 한국교육개발원(2010). 지역학습공동 체 활성화를 위한 학부모 교육 프로그램 운영 방안.

김경근(2000). 가족 내 사회적 자본과 아동의 학업성취. 교육사회학연구, 10(1), 21-40.

김경애, 김정원(2007). 교육지원체제로서 지역 네트워크 형성과정에 대한 사례연구: 노원지역의 교육복지투자우선지역 지원사업 사례를 중심으로. 평생교육학연구, 13(3), 117-142.

김성자(2007). 교류분석 이론에 기초한 부모교육이 부모의 자아존중감, 자녀 양육태도와 가족 의사소통에 미치는 영향. 건국대학교 석사학위논문.

김승보(2011). 교육경쟁력 제고를 위한 학부모 학교 참여 활성화 방안, 제5차 미래교육공동체 포럼 학부모의 학교 참여와 교육경쟁력 제고, 교육과학기술부·한국직업능력개발원.

김영희(2002). 저소득층 청소년의 학교생활 적응에 관한 연구: 어머니의 자녀교육 참여의 매개역할을 중심으로. 한국지역사회생활과학회지, 13(1), 1-14.

김용숙(1986). 학력·학문 사회의 형성 기반. 새교육, 통권 378호, 21.

김종서, 김신일, 한숭희, 강대중(2009). 평생교육개론. 교육과학사.

김향은(2007). 학교중심 다문화 부모교육의 과제와 개선방안. 부산인적자원개발원 학술논문집, 3(2), 53-70.

노신애, 진미정(2012). 지역사회 범위에 대한 주관적 인식과 가족친화성 평가: 서울시 거주 미취학 자녀 부모를 대상으로. 한국가족관계학회지, 18(3), 279-294.

노정아(2004). 상호교류분석 부모교육프로그램을 통한 자녀와의 의사소통기술 증진에 대한 연구. 아주대학교 석사학위논문.

대구광역시교육청(2012a). 중학교 학부모 역량개발 교육과정 편성 운영 기준, 대구광역시교육청.

대구광역시교육청(2012b). 고등학교 학부모 역량개발 교육과정 편성 운영 기준, 대구광역시교육청.

대구광역시교육청(2013). 학부모 역량개발 자녀교육서.

문용린, 최인철(2011). 행복교과서. 서울대학교 행복연구센터. 서울: 월드김영사.

문은식, 김충회(2003). 부모의 학습지원행동과 초, 중학생의 학업동기 및 학업성취도의 관계. 교육심리연구, 17(2), 271-288.

박수복(2011). 교류분석과 Satir의 의사소통유형의 비교. 교류분석연구, 2(1), 69-85.

박철홍, 강현석, 김석우, 김성열, 김희수, 박병기, 박인우, 박종배, 박천환, 성기선, 손은령, 이희수, 조동성(2013). 현대 교육학개론. 서울: 학지사.

변수용, 김경근(2008), 부모의 교육적 관여가 학업성취에 미치는 영향: 가정배경의 영향을 중심으로. 교육사회학연구, 18(1), 39-66.

서울대학교 학부모정책연구센터(2012). 밥상머리교육 매뉴얼.

서울대학부모정책연구센터(2012). 학부모정책 동향 보고 2012-1호.

서현석(2013). 한부모가족의 학부모역할 지원 방안의 모색. 제4차 학부모정책 세미나 자료집. 서울대학교 학부모정책연구센터.

서현석, 최인숙(2012). 학부모참여와 학교만족의 관계. 학습자중심교과교육연구, 12(3), 243-263.

손수향, 배근택, 이영호(2007). 교류분석 부모교육 프로그램이 부모-자녀 간 의사소통과 가족기능 향상성에 미치는 영향. 교류분석과 심리사회치료 연구, 4(1), 1-17.

신군자, 장희양(2007). 외국의 부모교육 프로그램 비교 연구—미국, 캐나다, 호주, 스웨덴, 프랑스, 일본 등 총 6개국의 프로그램을 중심으로. 성신여자대학교 생활연구, 19, 83-114.

신혜진(2011). 중학교 학부모 간 사회관계망이 자녀교육 관여에 미치는 영향. 청소년학연구, 18(2), 145-169.

심미옥(2003). 초등학교 학부모의 자녀교육지원활동에 관한 연구. 초등교육연구, 16(2), 333-358.

오영순, 안연경(2013). STEP 부모교육 프로그램이 어머니들의 자아존중감 및 어머니-자녀 간 의사 소통에 미치는 영향. 한국유아교육·보육행정학회, 17(1), 77-96.

오혁재(2013). 우리나라의 자격제도 및 금지분야 안내. 한국직업개발원.

왕경수, 권선이, 한금옥(2010). AP Now 부모코칭프로그램이 어머니의 양육태도와 부모자녀 의사 소통에 미치는 효과. 교육문제연구, 16(1), 71-93.

옥선화, 진미정, 이미나, 서현석, 박혜준, 정현주, 차성현(2012). 인성교육 비전 수립을 위한 정책연 구: 가정과 사회의 역할 강화 방안 연구. 교육부.

원지영(2009). 부모의 사회경제적 지위와 가정 내 사회적 자본이 청소년의 학업성취도에 미치는 영향. 청소년학연구, 16(9), 125~150.

유영주(1984). 한국도시가족의 가족생활주기 모형 설정에 관한 연구. 한국가정관리학회지, 2(1), 111-124.

이강이(2012). 학부모 학교 참여 활성화의 필요성과 과제. 서울대학교 학부모정책연구 제1회 학부 모정책 학술대회 자료집.

이강이, 그레이스 정, 이현아, 최인숙(2013). 2012년 학부모의 자녀교육 및 학교참여 실태조사 연 구. 서울대학교 학부모정책연구센터

이강이, 그레이스정, 이현아, 최인숙(2012). 2012년 학부모 자녀교육 및 학교 참여 실태조사 연구. 서울대학교 학부모정책연구센터.

이강이, 최인숙, 서현석(2012). 학교급별, 지역별, 학부모 특성별 학부모 학교 참여 실태조사에 따 른 시범학교 운영방안 연구. 서울대학교 학부모정책연구센터.

이경아, 양병찬, 이진이, 심명인, 윤정은(2010). 지역학습공동체 활성화를 위한 학부모교육 프로그 램 운영 방안. 서울: 한국교육개발원·평생교육진흥원.

이계영(2010). 학부모의 학교 참여 실태 분석과 활성화 방안 모색: 인천광역시 고등학교를 중심으 로. 한국교원대학교 석사학위논문.

이두휴, 남경희, 손준종, 오경희(2007). 학부모 문화 연구-자녀교육지원활동을 중심으로. 서울: 한 국교육개발원.

이민경(2009). 프랑스 학부모의 학교교육 참여: 배경과 실제. 교육문제연구, 34, 59-80.

이세용(1998). 부모의 교육참여와 청소년의 심리사회적 발달간의 관계. 한국교육, 25(1), 114-141.

이순형(1992). 학부모의 참여에 관한 연구. 교육학연구, 30(2), 243-262.

이숙희, 고인숙, 최향순(2003). 현대부모교육론. 교육아카데미.

이정표(2013). 교육학개론. 서울:교육과학사.

이종각(2004). 새로운 교육사회학 총론. 동문사.

이현아(2012). 가족정책과 학부모정책의 연계 필요성 및 방안 탐색. 한국가정관리학회지, 30(5), 149-161.

인성교육범국민실천연합(2012). 인상교육비전.

임형택 외(2013). 평생교육방법론. 서울: 공동체.

장성애, 유연옥(2008). 적극적 부모역할 훈련 프로그램이 어머니의 양육효능감과 양육스트레스에 미치는 영향. 아동교육, 17(3), 187-202.

장성오(2011). 교류분석 이론에 기초한 부모교육 프로그램의 적용 효과. 경기대학교 박사학위논문.

전국학부모지원센터(2013). 2013 학부모교육 업무매뉴얼. 국가평생교육진흥원.

정옥분, 정순화(2000). 부모교육-부모역할의 이해. 양서원.

정옥분, 정순화(2007). 예비부모교육. 서울: 학지사.

정현숙(2007). 가족생활교육. 도서출판 신정.

정현주, 김은홍(2013). 스마트 학습사회의 평생교육. 동문사.

조희금, 김경신, 정민자, 송혜림, 이승미, 성미애, 이현아(2013). 건강가정론 제3판. 도서출판 신정.

주동범(1998). 학생배경과 학업성취: 어머니의 자녀교육에의 관여가 매개하는가? 교육사회학연구, 8(1), 41-56.

진미정, 이현아, 서현석(2012). 아동·청소년의 인성함양을 위한 가정과 부모의 역할 정립. 서울대학교 학부모정책연구센터 기본과제 보고서.

진미정, 이현아, 김엘림(2012). 학부모 학교 참여휴가제 도입 방안 연구. 서울대학교 학부모정책연구센터 수시과제 보고서.

차성현(2009). 미국의 학부모 참여정책, 한국교육행정학회소식지 101호, 한국교육행정학회, 6-10.

최상근 외(2011). 학부모를 위한 교육정보 공유 활성화 방안 연구. 서울: 한국교육개발원.

최상근, 금명자, 정진(2011). Wee 프로젝트 운영모델 개발연구. 한국교육개발원 연구보고 CR 2011-32.

최상근, 김형주, 진선미(2011). 2011년 학부모 자녀교육 및 학교 참여 실태조사 연구. 서울: 한국교육개발원.

최상근, 양수경, 권경림, 이주원(2010). 학부모 자녀교육 및 학교 참여 실태조사 방안 연구. 서울: 한국교육개발원.

최상근, 양수경, 차성현(2010). 학부모 자녀교육 및 학교 참여 실태조사 분석, 한국교육개발원.

최상근, 차성현, 황준성, 강소연, 이혜숙, 김형주(2009). 학부모 지원 중장기 계획 수립을 위한 기본 방향 설정 연구. 서울: 한국교육개발원.

최인숙(2013). 학부모의 학교 참여 변화: 시범학교 사업을 중심으로. 제2회 학부모정책 학술대회 자료집. 서울: 서울대학교 학부모정책연구센터.

최인숙(2006). 훈련중심 부모역할 교육. 교육과학사.

한국가족학연구회 편(1991). 가족학연구의 이론적 접근-미시이론을 중심으로. 서울: 교문사.

한국교육개발원(2007). 학부모 문화 연구-자녀교육지원활동을 중심으로.

허종렬(2005). 학교참여제도의 법제화와 학교장의 전문적 리더십 강화. 사학, 112, 26-37.

허종렬(2010). 학부모 정책의 법제화: 학부모의 학교교육 참여권 보장 법제의 실태와 평가를 중심으로. 교육정책포럼. 2010. 11. 한국교육개발원.

현정희(2011). Bowen과 대상관계 이론을 통합한 부모교육 프로그램 개발 및 효과 검증. 경남대학교 박사학위논문.

홍후조, 강소연, 민부자, 변자정, 백혜조, 조호제, 하화주(2012). 학부모교육과정기준 연구 개발. 서울: 교육과학기술부·국가평생교육진흥원.

홍후조, 백혜조, 민부자, 변자정, 조호제, 하화주, 장소영, 이혜정(2013). 학부모교육과정기준 개발 연구. 교육과정연구, 31(21), 171-198.

국외문헌 ▶▶   Baeck, U. K. (2010). Parental involvement practices in formalized home-school cooperation. *Scandinavian Journal of Educational Research*, *54*, 54-563.

Bredehoft, D. J., & Walcheski, M. J. (Eds.). (2003). *Family life education: Integrating theory and practice*. National Council on Family Relations. chapter18. Parent Education and Guidance.

Bronfenbrenner, U. (1979). *The Ecology of Human Development*. Cambridge: Harvard University Press.

Cole, B. (2007). Mother, gender and inclusion in the context of home-school relations. *Support for Learning, 22(4)*, 165-173.

Dauber, S. L. & Epstein, J. L. (1993). Parents' attitudes and practices of involvement in inner-city elementary and middle schools. In N. F. Chavkin(ed.), *Families and schools in a pluralistic society*(pp. 53-71). Albany, N.Y.:SUNY.

Domina, T. (2005). Leveling the home advantage: Assessing the effectiveness of parental involvement in elementary school. *Sociology of Education*, 78, 233-249.

Eccles, J. S. & Harold, R. D. (1996). Family involvement in children's and adolescents' schooling. In A. Booth & J. F. Dunn(eds.), *Family-school links: How do they affect educational outcome?*(pp.3-34). Mahwah, NJ: Erlbaum.

Epstein, J. L. (2001). *School, family and community partnerships.* Boulder, CO: Westview Press.

Gonzalez-Pienda, J. A., J. C. Nunez, S. Gonzalez-Pumariega, L. Alvarez, C. Roces & M. Garica. (2002). A structural equation model of parental involvement, motivational and aptitudinal characteristics, and academic achievement. *The Journal of Experimental Education, 70(3)*, 257-287.

Gordon, M., & Louis, K. S. (2009). Linking parent and community involvement with student achievement: Comparing principal and teacher perceptions of stakeholder influence. *American Journal of Education, 116*, 1-32.

Greenwood, G. E. & Hickman, C. W. (1991). Research and practice in parent involvement. *The Elementary School Journal, 91(3)*, 279-287.

Hill, N. E. & Craft, S. A. (2003). Parent-school involvement and school performance: mediated pathways among socioconomically comparable African American and Euro-American families. *Journal of Educational Psychology, 95*, 74-83.

Ho, E. S. C. & Williams, J. D. (1996). Effects of parental involvement on eighth-grade achievement. *Sociology of Education, 69*, 126-141.

Jacobson, A. (2003). Parent education and guidance. In D. Bredehoft & M.J. (Eds.), *Family life education: Integrating theory and practice*(10-116). NCFR.

Jeynes, W. H. (2007). The Relationship Between Parental Involvement and Urban Secondary School Student Academic Achievement: A Meta-Analysis. *Urban Education, 42(1)*, 82-110.

Lickona, T. (2004). Character Matters: How to help our children develop good judgment, Integrity, and other Essential Virtues.

McNamara, C. (2006). *Field guide to nonprofit program design, marketing and evaluation.* Authenticity Consulting.

Powell, L., & Cassidy,D. (2001). *Family life education.* Mountain View, Ca: Mayfield Publishing co.

Sheldon, S. B. (2007). Improving student attendance with school, family, and community partnerships. *The journal of Educational Research, 100(5)*, 267-275.

UNICEF. (1996). *Toward Child Friendly Cities.* New York: UNICEF.

Wandersman, L. P. (1987). New direction for parent education. In S. L. Lagan & E.F. Zigler(Eds.), *America's family support programs.* new Haven: Yale University Press.

World Bank. (2003). Lifelong learning in the Global Knowledge Economy: Challenges for
    Developing Countries.

웹사이트▸▸ Family-School & Community Partnerships Bureau. http://www.familyschool.org.au.

국가법령정보센터. http://www.law.go.kr.

대한민국정부 홈페이지. 대한민국 돋보기, 한눈에 보는 대한민국. http://www.korea.go.kr.

한국심리상담연구소. http://www.kccrose.com.

한국지역사회교육협의회. http://www.kace.or.kr.

저 | 자 | 소 | 개

진미정

서울대학교 생활과학대학 아동가족학과 교수
서울대학교 학부모정책연구센터 겸임연구원

이강이

서울대학교 생활과학대학 아동가족학과 교수
서울대학교 학부모정책연구센터 겸임연구원

이현아

서울대학교 생활과학연구소 연구교수
서울대학교 학부모정책연구센터 전임연구원

서현석

서울대학교 생활과학연구소 연구교수
서울대학교 학부모정책연구센터 전임연구원

최인숙

호남대학교 사회복지학과 조교수
전 서울대학교 학부모정책연구센터 전임연구원

감수 **옥선화**

서울대학교 생활과학대학 아동가족학과 교수
서울대학교 학부모정책연구센터장

서울대학교 학부모정책연구센터

서울대학교 생활과학연구소 학부모정책연구센터는 2011년 교육부와 한국연구재단이 지원하는 '정책중점연구소 지원사업'으로 설립되었습니다. 본 센터는 자녀교육 및 가족관계, 학부모의 교육참여를 위한 정책연구와 개발을 통해 '가족–학교–지역사회' 모두가 행복한 교육공동체를 만드는 데 기여하고 있습니다.

행복한 교육공동체를 위한

학부모 교육

2014년 3월 3일 초판 인쇄 | 2014년 3월 5일 발행

지은이 서울대학교 학부모정책연구센터
펴낸이 류제동 | **펴낸곳** ㈜교문사

전무이사 양계성 | **편집부장** 모은영 | **책임진행** 이정화 | **디자인** 이혜진
본문편집 북큐브 | **제작** 김선형 | **홍보** 김미선 | **영업** 이진석·정용섭·송기윤
출력 현대미디어 | **인쇄** 동화인쇄 | **제본** 서울제본

주소 경기도 파주시 문발동 출판문화정보산업단지 536-2 | **전화** 031-955-6111(代) | **팩스** 031-955-0955
등록 1960. 10. 28. 제406-2006-000035호 | **홈페이지** www.kyomunsa.co.kr
E-mail webmaster@kyomunsa.co.kr
ISBN 978-89-363-1387-6 (93370) | **값** 15,000원